A EXAUSTÃO
NO TOPO DA MONTANHA

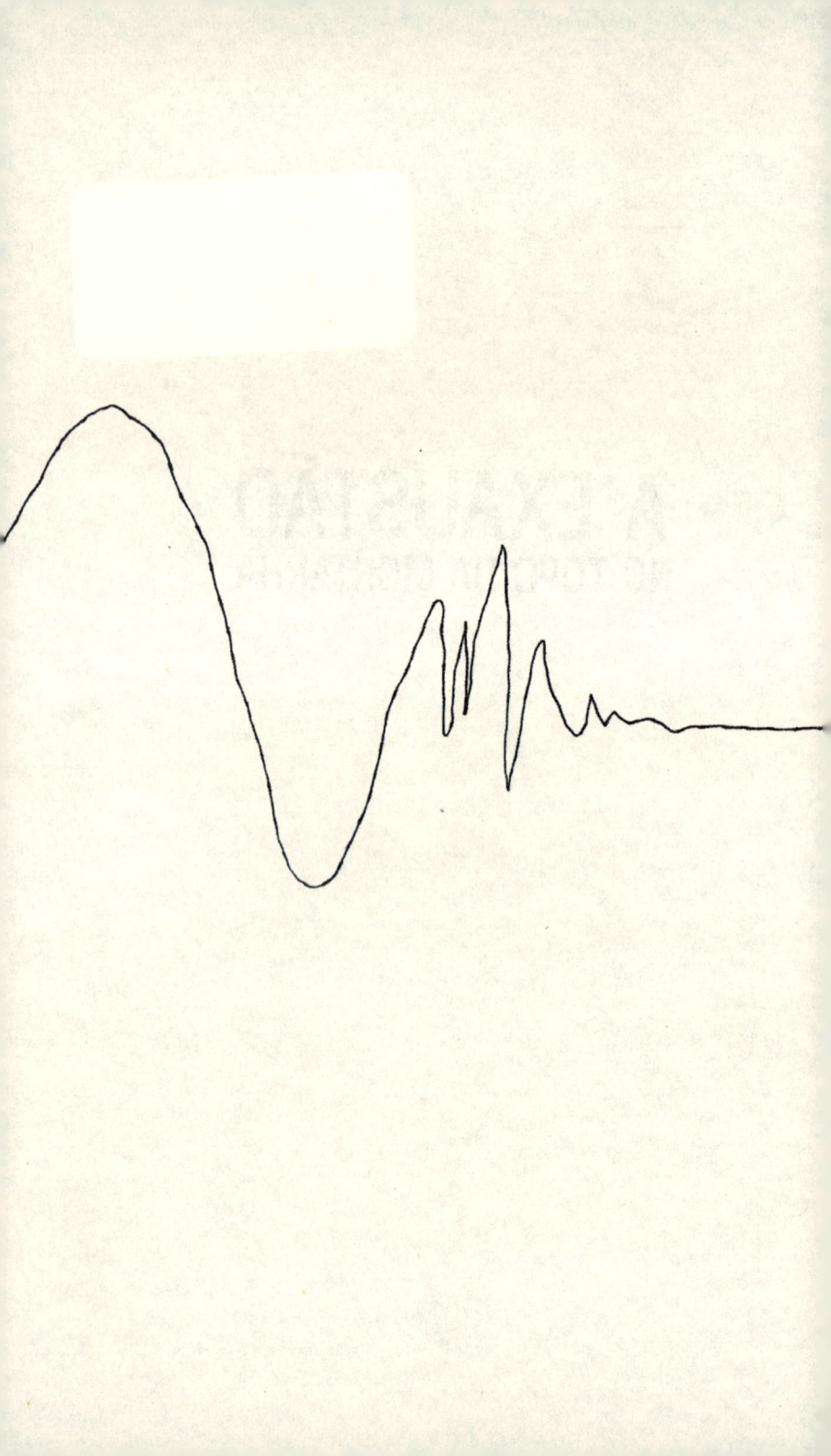

Alexandre
Coimbra
Amaral

A EXAUSTÃO
NO TOPO DA MONTANHA

*Uma jornada de reconexão com outros ritmos
da vida e com o que é essencial*

PAIDÓS

Copyright © Alexandre Coimbra Amaral, 2021
Copyright © Editora Planeta do Brasil, 2021
Todos os direitos reservados.

Preparação: Juliana Wellng
Revisão: Fernanda Guerriero Antunes e Nine Editorial
Diagramação: Vivian Oliveira
Capa: Filipa Damião Pinto | Foresti Design

Dados Internacionais de Catalogação na Publicação (CIP)
Angélica Ilacqua CRB-8/7057

Amaral, Alexandre Coimbra
A Exaustão no topo da montanha / Alexandre Coimbra Amaral. - São Paulo: Planeta, 2021.
192 p.

Bibliografia
ISBN 978-65-5535-478-2

1. Não ficção 2. Psicologia 3. Emoções I. Título

21-3379   CDD 158.1

Índice para catálogo sistemático:
1. Desenvolvimento pessoal

MISTO
Papel | Apoiando o manejo florestal responsável
FSC® C019498

Ao escolher este livro, você está apoiando o manejo responsável das florestas do mundo

2024
Todos os direitos desta edição reservados à
EDITORA PLANETA DO BRASIL LTDA.
Rua Bela Cintra, 986 – 4º andar
01415-002 – Consolação
São Paulo-SP
www.planetadelivros.com.br
faleconosco@editoraplaneta.com.br

É a tarefa do escritor metaforizar o mundo, ou seja, poetizar. Seu ponto de vista poético descobre as ligações ocultas entre as coisas.

Byung-Chul Han

*Para Dany,
a tecelã da manta da mais bela esperança,
que recobre cansaços e reinventa sorrisos
com um amor que, de tão presente,
faz-se inédito por ser inesquecível.*

*A caneta de Alexandre
tem a tinta da verdade.
Escreve com empatia
E com sensibilidade.
Se a tinta seca e lhe nega
Ligeiro ele recarrega
em seu poço de bondade.*

Braúlio Bessa, poeta e escritor

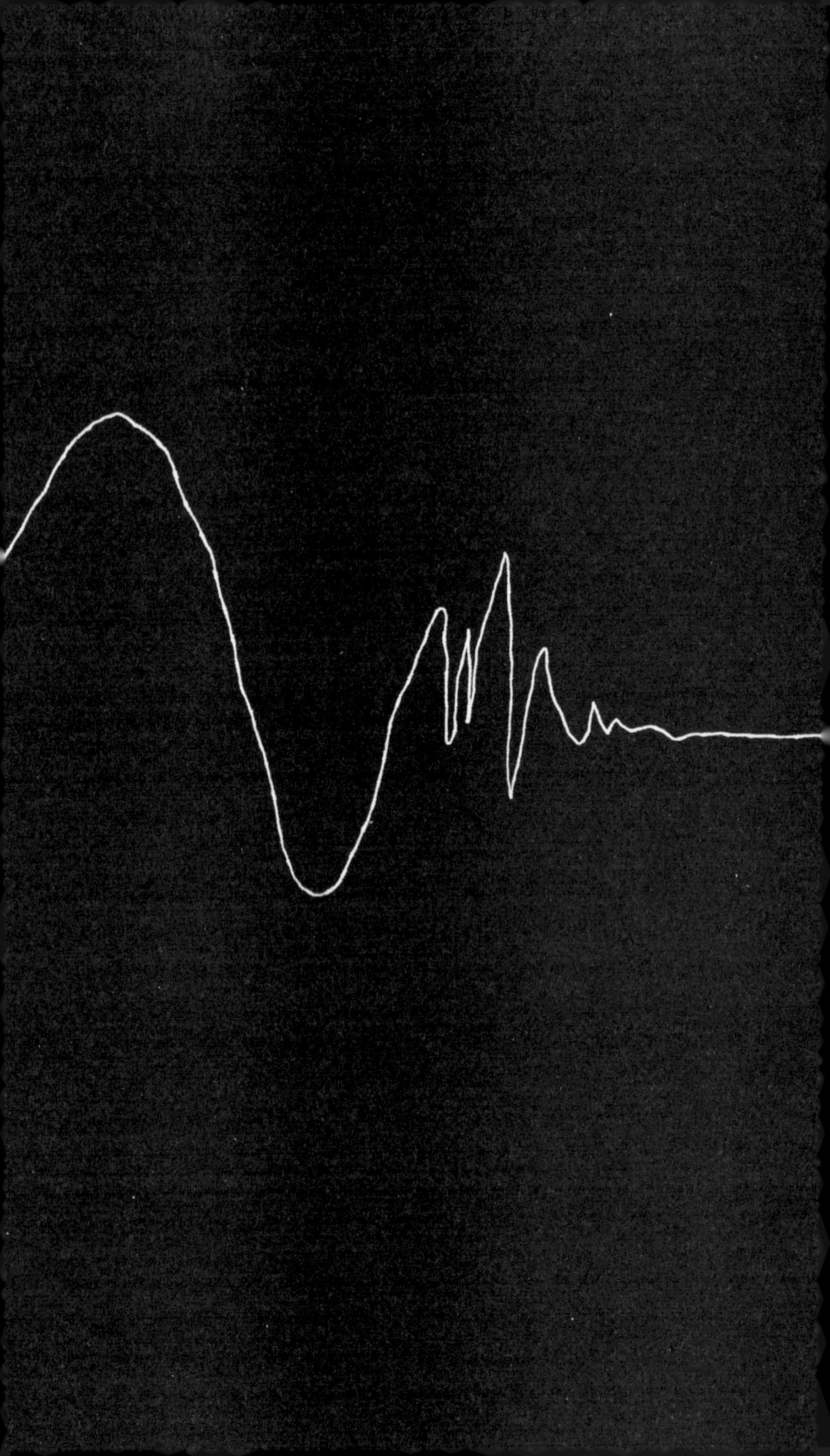

APRESENTAÇÃO

Oi, tudo bem? Muito prazer. Pode ser que a gente ainda não se conheça, então eu vou me apresentar. Se já formos conhecidos, que bom encontrar com você de novo em uma página qualquer, que eu vejo como a esquina em que a Rua da Palavra encontra a Travessa da Humanidade.

    Meu nome é Alexandre. Tenho me acostumado a me chamar de escritor, porque psicólogo é um nome que já pronunciam por aí há mais de duas décadas. A escrita é amor antigo em mim, mas a publicação em livro ainda tem gosto da garoa fina caindo como novidade em terra quente. O primeiro que publiquei, *Cartas de um terapeuta para seus momentos de crise,* foi uma conversa dos sentimentos e de outros fenômenos da vida com o leitor. Eu sou um abracento conversador – e sei que "abracento" não existe na norma culta, e por isso mesmo insisto nessa palavra inculta, já que abraços não precisam de língua alguma e são a salvação da alma para várias cenas angustiantes. Como conversador, quero sempre estar olhos nos olhos com alguém, escutando suas histórias, silêncios e rugas molhadas de lágrimas. Se o encontro é o que me faz sentir que estou vivo, conversar é o motivo primevo para escrever.

Escrevo também para conversar com o futuro, porque sou daqueles que preferem inventar o que viveremos a ser adivinho frustrado do que nunca saberemos prever. Conversar é uma forma de criar um novo panorama no tempo. Acredito na palavra como a tinta da caneta que tudo transforma e transborda. Ao contrário do *Cartas*, que foi escrito quatro meses antes das cortinas se fecharem no mundo todo por um vírus que invadiu nossas rotinas mais insuspeitas, este aqui foi um livro escrito para conversar com as dores que temos vivido e, você vai perceber, que existem entre nós muito antes de tudo se cobrir de máscaras e álcool em gel.

E este livro foi um dos frutos de meu trabalho como psicólogo na pandemia, que se mostrou desde o início um tempo de crises, adaptações, mortes, lutos, espantos consigo e com a vida, limitações e produções de novas possibilidades. Os dias pandêmicos são intensos, condensando o que de mais virtuoso e sombrio produzimos de pensamentos, sentimentos e ações. Terminamos cada dia como se uma maratona fosse, e o pior: com a sensação de que a linha de chegada está ali bem adiante, mas nossos corpos já não são mais capazes de caminhar um passo sequer.

A Exaustão está nas histórias de vida, nas interjeições das pessoas, nos olhos caídos, nos cabelos embranquecidos, nas emoções desencontradas, nas falas impulsivas e nos silêncios demorados. Ela está em toda parte. De tão presente, de tão global, tornou-se uma entidade: a Exaustão é uma de nós. Por isso eu a coloco aqui com maiúsculas. Não vou apresentá-la agora, deixo que ela mesma faça as honras de sua casa. Ela é a protagonista deste livro, ao lado de cada uma e um de nós, os exaustos de viver uma existência que está construída para gerar de tempos em tempos o mesmo desfalecimento da energia, da esperança e da disponibilidade para o que realmente importa.

A leitura que você começou nestas primeiras páginas fala de uma jornada que, primeiramente, vai conversar com aquilo que você já tem intimidade, e vai nomear alguns fenômenos que você sentia que existiam, mas que ficavam apenas como sensação incômoda e transversal ao tempo. Quando as coisas ganham nome, elas ganham substância, fazem sentido e constroem novos sentidos. Mas a jornada não dará somente o nome às coisas que a Exaustão conhece de sua história. Este é um livro de esperança, de possibilidades, de fendas esquecidas ou ainda não criadas pelo clarão do futuro. Eu convido você a se haver com o reencontro com partes de si que talvez estivessem um tanto desistidas de ocupar lugar de fala. Por enquanto, só peço que você se acomode onde está e tome um tempo suficiente para um respiro. O oxigênio, quando entra nos pulmões, faz o cansaço despertar e virar promessa. Perceba: o que em nós começa como desistência, pode passar a promessa, e quem sabe ter a ousadia de se materializar em alguma cena.

É assim que este livro existiu, é assim que a Exaustão veio conversar comigo para que eu pudesse colocar estas palavras no mundo. Eu vivo de escutar exaustões, de todo tipo, de todo tipo de gente, neste lugar estranho de um psicólogo escutar e conversar com as dores do mundo. Como eu escrevo para conversar, foi só depois de terminar as páginas que você lerá a seguir que pude, finalmente, compreender: eu também já subi esta montanha, eu também já fui a Exaustão, eu também já me vi numa jornada frenética e desprovida de sentido. Estamos então de mãos dadas, e eu, o autor, não sou ninguém diferente, apenas já escutei os cochichos que esta senhora, do alto de todas as montanhas humanas, veio me dizer sobre como temos vivido por aqui.

Boa leitura!

Um beijo para quem é de beijo, um abraço para quem é de abraço.

E, se quiser, ao final da leitura, pode me escrever uma carta. Prometo lê-la depois de uma boa pausa, tomando café e com um respiro sorridente, típico de quando eu recebo a Delicadeza em uma visita surpreendente, no dia que prometia ser o mais comum de todos.

Alexandre.

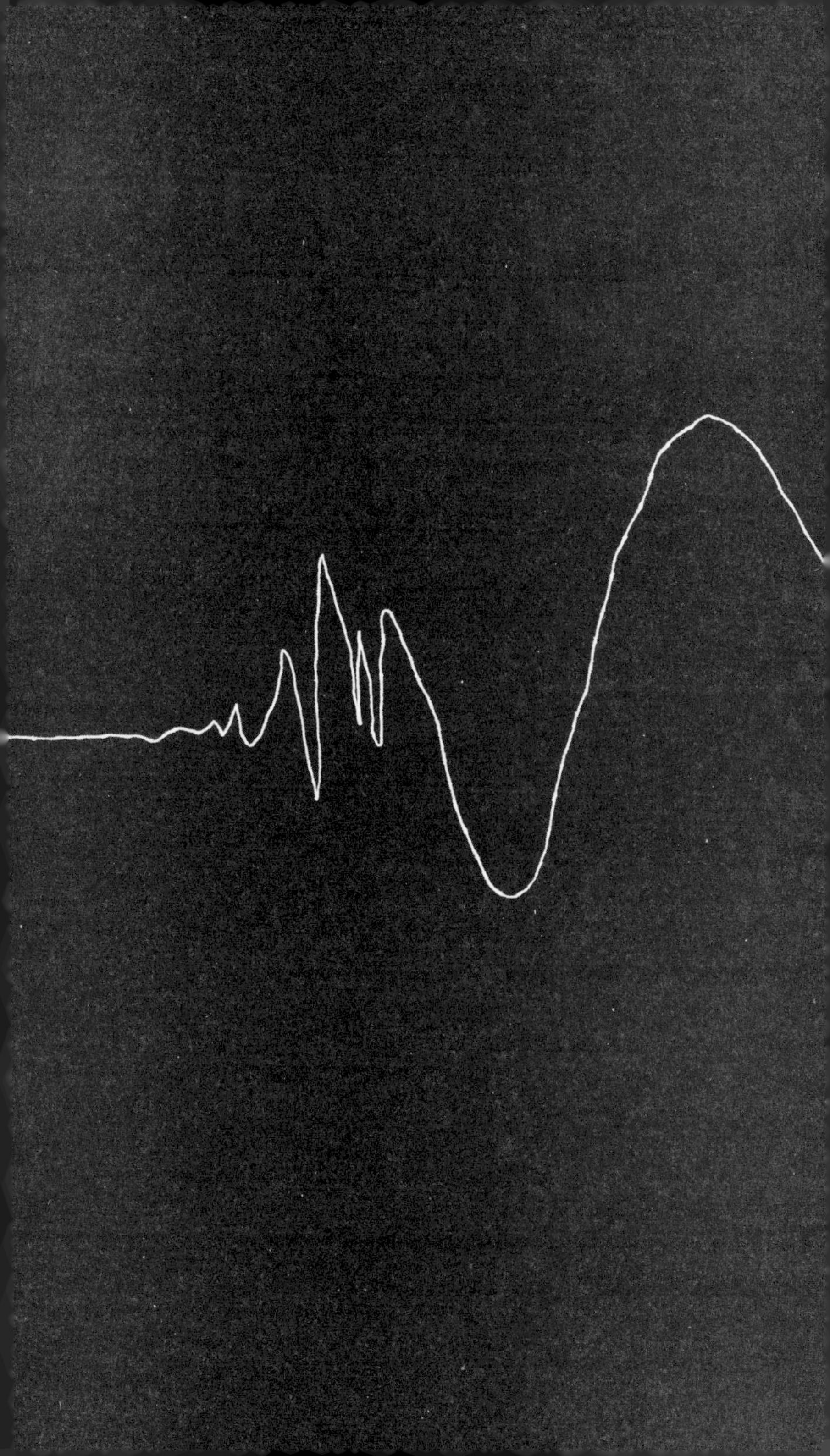

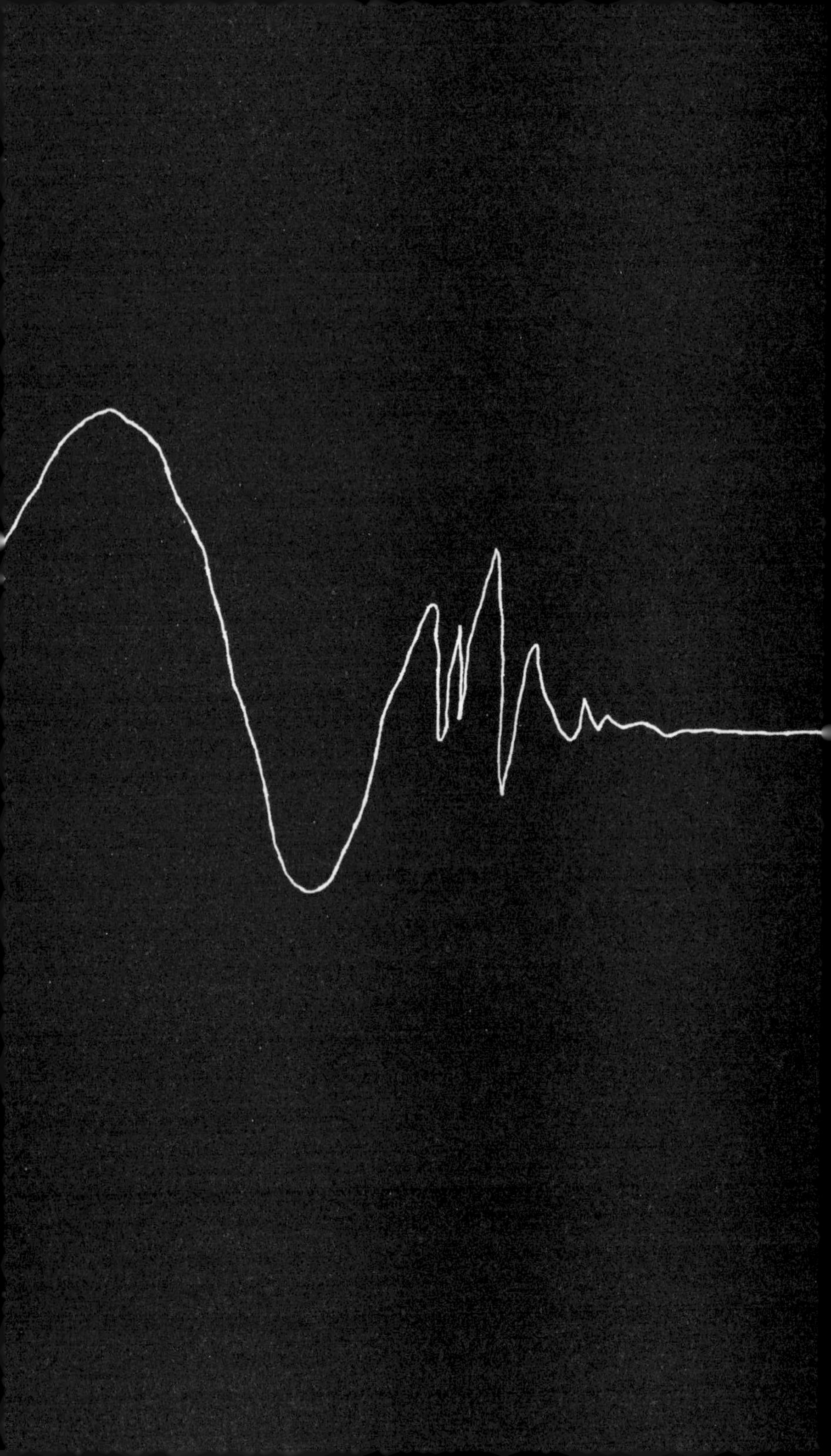

PREFÁCIO

*Respirar é o ato primordial da vida e
é o esquecimento primordial da vida exausta.*

Passei um tempo digerindo essa frase, sentindo o gosto amargo de suas letras, bem como a triste realidade de sua mensagem. A vida anda tão acelerada que nos esquecemos de respirar, deixamos de prestar atenção no que nos mantém vivos. A carta que a Exaustão nos escreve, por intermédio da poesia e da prosa de Alexandre Coimbra Amaral, é assustadoramente íntima. Nos olha por dentro e nos convida a fazer o mesmo. Por trás das diversas justificativas que nos fazem perder a mão na doação, no sonho, na entrega, somos convocados e convocadas a assumir o que pesa. Quantas missões nobres se tornaram pesados fardos sem que a gente percebesse? Quantos remédios viraram venenos sem que nos déssemos conta de que perdemos a capacidade de medir até onde ir?

Quando a Exaustão se assume exausta de nos ver cansados, exauridos e perdidos, algo precisa mudar. Algo precisa ser revisto, reorganizado. Da glamourização do cansaço e da ausência de tempo à injusta carga despejada sobre as mulheres mães, este livro abarca os exaustos que caminham de forma automática em dias que se repetem como reprises de um filme ruim. No entanto, antes que você conclua que a leitura te fará sofrer, afirmo que é justamente o contrário: ela te ajudará a respirar. Cada capítulo aumenta a nossa capacidade de perceber o ar que enche os nossos pulmões e expande a nossa vida.

Com citações musicais e uma linguagem poética e encantadora, Alexandre traz duras reflexões sobre a nossa vida, provocando a mudança que urge em nossas múltiplas realidades. E, como em tudo o que faz, nos empresta seus olhos esperançosos para enxergarmos além do cinza dos nossos dias iguais. Este não é apenas um livro que nos faz ver os problemas que nos assolam e dos quais, na maior parte dos momentos, não nos damos conta. É um livro que nos faz enxergar saídas, criar portas e janelas onde, neste momento, há apenas densos muros. É um livro que nos ajuda a deixar o ar entrar.

Eu não sei como estão os seus dias, mas arrisco dizer que estão exaustivos. Neste momento, acredito que você tem assumido mais responsabilidades do que consegue dar conta. Que acorda com a sensação de que não dormiu o suficiente e que dorme concluindo que não utilizou as poucas horas do dia de maneira eficiente. Estamos assolados pelo ímpeto de produzir, perdidos e perdidas nos discursos que nos reduzem a meros fazedores de coisas, que nos levam a acreditar que somos o que produzimos, que somos o que jogamos no mundo e que pode ser medido, pesado, calculado e vendido. Mas somos mais. E talvez seja esse um dos maiores e mais belos lembretes das linhas que se seguem. Somos mais, muito mais. A vida é maior do que aquilo que pode ser convertido em produto a ser vendido.

    Nos perdemos do tempo da delicadeza. Da leveza que mora em simplesmente escutar a chuva cair, sentir o cheiro de bolo recém-saído do forno, descansar no abraço e no som da respiração de quem amamos. Nos perdemos da preciosidade do estar. Transformaram o ócio em crime e inventaram a aberração de torná-lo produtivo. Fazer nada virou infração grave. E o fiscal das nossas infrações foi internalizado, a sua voz se misturou à nossa. Nos culpamos por deitar em vez de ler, por sentar no sofá em vez de ver aquela série sobre a qual todo mundo está comentando. De repente, precisamos estar atentos a tudo para termos opiniões sobre tudo. Até o nosso tempo de refletir, ponderar e entender o mundo ao redor precisou ser acelerado para se encaixar. Queremos que a vida seja rápida como o download do novo App, que as nossas emoções sejam processadas com a velocidade dos nossos smartphones. Perdemos a perspectiva.

Aqui, a Exaustão nos devolve a perspectiva. Nos ajuda a ampliar a visão. Desce da sua montanha e nos ajuda a encontrar a fé em nós mesmos. Uma jornada emocionante, por vezes incômoda, bela e necessária.

Que você, assim como eu, consiga escutar a sua Exaustão e aprender com ela.

Que consiga, talvez depois de muito tempo, relembrar a leveza, a doçura, a potência e a naturalidade de simplesmente respirar.

Que você consiga, assim como lindamente disse Manoel de Barros, assumir que, diante da violenta aceleração do mundo, temos todos um atraso de nascença. Fomos aparelhados para gostar de passarinhos.

Que tenhamos abundância de sermos felizes por isso.

Boa leitura.

Abraços demorados,

Elisama Santos,
escritora, autora de *Conversas corajosas*,
Por que gritamos e *Educação não violenta*.

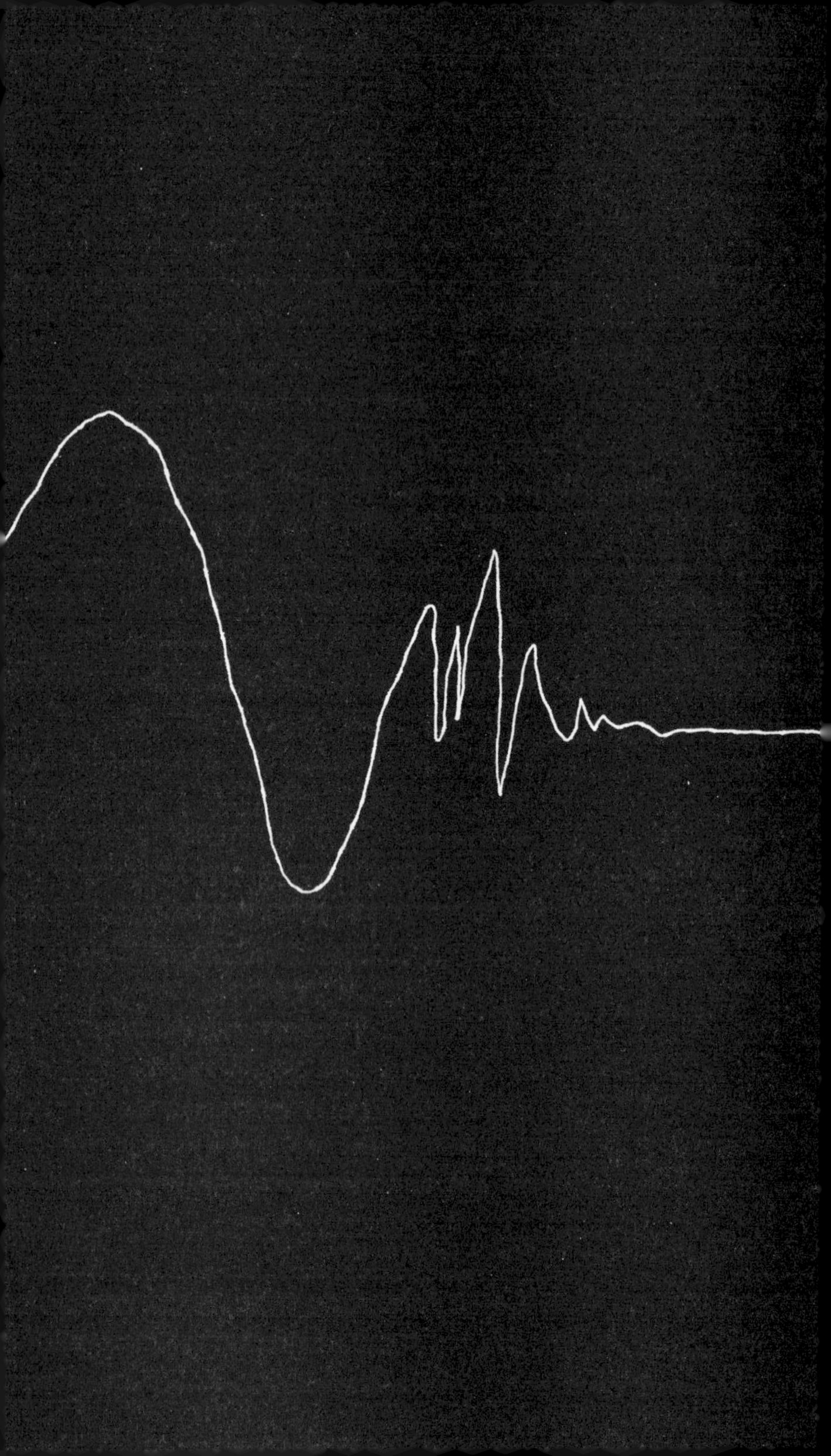

A EXAUSTÃO NO TOPO DA MONTANHA

1. Muito prazer, eu sou a Exaustão   28

2. O momento de ter olhos para se ver   64

3. Quando o engajamento rima
   com esgotamento   74

4. A sua vida não é assim, ela está assim   90

5. A melhor maneira de transformar
   a sua vida é vê-la com outros olhos   104

SUMÁRIO

6. Aprender a reconexão consigo mesmo — 116

7. A imperfeição que o coração aceita — 128

8. A beleza como saída para a alma — 138

9. Reencontrando o bem-estar — 152

10. Subindo a montanha da Esperança — 164

Referências — 179

1. MUITO PRAZER, EU SOU A EXAUSTÃO

Oi.

A música do mundo à minha volta é "Flor da pele", do grande Zeca Baleiro. Agora, eu a estou escutando em círculos, porque algo dela me fala e me cala ao mesmo tempo. E acho que as músicas servem para cantar, mas também para fazer brotar silêncios. Enquanto o grave da voz do Zeca soletra minhas angústias em "Ando tão à flor da pele/ Qualquer beijo de novela me faz chorar", vejo o incômodo do choro acontecer. As lágrimas caem sem que eu tenha tempo de decidir se aqui é o melhor momento de vertê-las. Não é hora de refletir sobre o porquê de sentir o choro como tão inoportuno, mas as lágrimas caem em sintonia rítmica com as estrofes cantadas em repetição acrobática. A música e as lágrimas saltam em círculos no ar que me falta. Neste momento, sou uma trapezista de mim, que cai com sorte na rede que alguém providenciou para o meu amparo. Um dia estava assim, caída em meus devaneios, quando decidi pedir ajuda. Sim. Eu, sozinha, não conseguiria realizar uma direção mínima para a angústia que me afligia. Precisei admitir a limitação de minha impotência em seguir adiante. Precisava de uma mão. E essa mão veio da Vida, em dimensões tão vastas quanto inimaginadas. Ela me escutou, me amparou e me trouxe de volta à esperança em mim. A Vida é um colo, e demorei um tempo para deitar em seu leito coberto de pura paciência. Sei que demorei para chegar até aqui e lhe escrever esta carta. Mas você, que me lê agora, sabe que a demora em pedir ajuda é parte do que sinto e do que lhe faço sentir. Você e eu sentimos, muito, pelos atrasos em acolher a própria angústia. Por isso, vamos conversar. É de nós que quero falar, e é com você que quero me abrir. Muito prazer. Meu nome é Exaustão.

    Não sou uma simples característica dos cansaços alheios. Estou em toda parte, e vejo-me tão presente, universalizada pelos quatro cantos, e viva no grito angustiado que soou em minha alma. Não nasci para ser uma pandemia. Não vim ao seu mundo para ser uma moradora cativa. Meu propósito, aqui, é falar de mim, da dor que sinto ao vê-lo completamente entregue aos meus desvarios, e apontar saídas para os excessos de mim na sua vida. Estas linhas servirão para contar o que você pode fazer para construir outra relação comigo e com o que lhe provoco. Quero vincular-me a você de outra forma, fazer com minha história um outro laço na sua. Sei que o domino e faço você repetir o meu nome como um vocativo ou adjetivo em tantos momentos da sua semana; entendo que você não tenha mais esperança de ficar sem me sentir a essa altura do campeonato. Por isso, meus olhos vieram conversar a partir do que eles veem e sentem, palavreando sentimentos que antes estavam no mais puro silêncio, antes mesmo de virarem agonia no peito. Quero lhe pedir que me escute, ainda que eu saiba que o que mais faço é retirar dos seus ouvidos a paciência, o foco e até parte da sua curiosidade. Escute-me como puder, e isso já é um alento para mim. E, assim, só posso lhe agradecer. Espero que saiamos ambos transformados desta conversa, da mesma maneira como ocorrem os melhores diálogos.

    Embora você me sinta há tempos, talvez não tenha a memória precisa de como eu aconteci, grandiloquente, fazendo-o se sentir assim. É porque tenho essa mania de ser invisível, no início e no meio. Só depois de algum tempo é que você percebe o tamanho da minha ocupação. Sou invasiva, espaçosa, não me contento com uma poltroninha na sala de estar da sua angústia. Mas vou chegando de forma imperceptível justamente porque hoje estou na moda. Sou parte do que você insiste em chamar de "sucesso", palavra ilusória que representa uma vida frutífera. Vim para lhe contar como apareço para você, como cresço sem você ver, como o deixo em nocaute. E é muito triste, porque hoje me sinto como uma rainha que, abusando tanto de seu poder, terminou sentada no trono, vendo o seu reino devastado. Sinto um vazio inominável ao ver você e tantas sociedades carcomidas pela minha onipresença, sentindo que não podem viver de outra maneira. Não quero ser essa verdade solitária e absoluta, não me interessa continuar como os óculos que cegam o olhar crítico e que saturam as esperanças. Hoje penso que consigo passar a ser um alerta, e não a expressão de como os dias se sucedem. Estando alerta, sou um sinal temporário de desequilíbrio, apontando-lhe a direção do reencontro consigo. E, por ser uma presença temporária, posso voltar a ser o que sempre sonhei: um apoio para o seu desenvolvimento, e não um fantasma que mora na casa assombrada ao lado.

Nasci para esta cultura em algum lugar do fim do século passado. Antes desse tempo, você me parecia mais sábio no manejo do tempo. Vivia não somente para produzir, mas também para ver o tempo parar. Havia algum alento no silêncio, e ele não me parecia criminalizado como é agora. Você conseguia pausar as tarefas e simplesmente ver a vida acontecer em ausências de palavras ou atos. Era mais fácil encontrar gente deitada numa grama de parque, olhando nos olhos, sem a necessidade de preencher tudo com palavras, mensagens, fotos e vídeos, projetos, produtos e tarefas a cumprir. Essa cena não é tão antiga assim, mas, de tão diferente do seu modo de vida atual, a memória parece brotar em tons de sépia. No entanto, eu lhe faço recordar: não há tanto tempo transcorrido desde que essas cenas de delicada grandeza aconteciam. E, por não serem tão datadas e nem pretéritas, defendo a possibilidade de serem reeditadas em qualquer dos presentes do indicativo de quem estiver lendo este meu manifesto.

Portanto, saiba que você não está solitário em sua exaustão. Sou uma pandemia muito antes de você viver um vírus se alastrando na mesma velocidade com que passei a afetá-lo. Sou uma mistura da sua obediência ao sacrifício, à disciplina e à produtividade incessante. Entretanto, o que mais confunde quem está à minha deriva é que também sou filha do prazer. Sim, posso aparecer naquilo que mais lhe dá satisfação, posso ser fruto da sua devoção por uma atividade bastante digna, cuja nobreza é reverenciada por muitos. Pode ser na sua função de cuidado a alguém, pode ser na dedicação ao trabalho que você ama, pode ser na insistência em transformar seu panorama ou realizar um sonho acalentado há tempos. Como sou multifacética, termino como o rescaldo daquilo que o faz seguir adiante. Sou o ônus do bônus, mas vou repetir até você se exaurir desta ideia: não precisa ser assim. Mas parece que você tem a mania estranha de ter fé apenas nesse tipo de vida. Paradoxalmente, você termina por me abraçar no maior altar de sua existência. Sou a parte profana daquilo que mais lhe é sagrado.

Sou um contrário. Sou o reverso de sentimentos e ações muito nobres. Não nasço como um grito, uma lágrima ou olhos perplexos. Começo no melhor do humano, na sua vontade de ser apoio para um outro alguém. Por isso, sou o contrário da boa intenção, e apareço sem que me notem – a princípio. Quando vejo um humano querendo auxiliar alguém, inclusive a si mesmo, termino sendo um efeito indesejado dessa ajuda. Sou o lado da costura que fica feio, que não orna com a beleza pretendida para a tecelagem dos afetos. Dos atos mais belos surgem os efeitos mais indesejados. Nenhuma ação está revestida de total blindagem das consequências nefastas para quem a realiza. Enquanto caminhamos, fica o lembrete para parar em algum ponto qualquer da jornada e entender os efeitos do caminhar, mesmo que com sol a pino e longe de qualquer linha de chegada. O tempo é a estrada; os passos são as decisões que tomamos; as pausas são os momentos em que merecemos conversar sobre o que estamos construindo de história. Hoje vim aqui para relembrar que, mesmo sendo seus motivos para agir os mais nobres, haverá um preço a ser pago. E pode ser que seu corpo, sua alma, seus sentimentos e suas esperanças sejam os lugares nos quais você perceberá o quanto custa fazer o que está fazendo. Por isso, eu sou um contrário. Porque apareço como uma seta invertida na direção dos seus desejos. Você quer fazer algo belo pelo mundo, pelos outros, por sua carreira, por seus filhos e por si mesmo. E, no meio dessa intenção cheia de brilho, eu lhe entrego escuridões. Enquanto você deseja subir uma montanha de desejos sublimes, eu o surpreendo como avalanche. Sou uma contradição que chegou para fazer parte da sua biografia. Quanto mais você me conhecer, quanto mais você entender como eu posso ser um sinal amarelo que lhe faz refletir, mais duradouro será seu tempo nessa caminhada. Eu sou um contrário, mas não uma antagonista. Eu sou um alerta, e hoje quero fazer desse alerta um apoio.

Sua mãe foi seu apoio fundamental, e o testemunho dessa dedicação foi um dos alicerces da sua esperança. Desde o seu primeiro dia de vida, você estava ali completamente dependente, quando sentiu uma pessoa cuidando de você, prezando pela sua sobrevivência física e emocional. Esse cuidado primordial afeta, conforta e define o início da percepção sobre o humano. Não é determinante, não é uma linha reta. Não quero dizer que, se você não recebeu o melhor cuidado que merecia, terá se transformado em uma pessoa pouco empática ou esperançosa com as relações humanas. No entanto, é fácil compreender o impacto de uma existência que só se faz possível a partir do cuidado intensivo de outros. Essa é uma das marcas mais primitivas, o real *big bang* da forma de ver as coisas: somos limitados, precisamos dos outros; eles nos ajudam, e nós os ajudamos quando e como podemos. Assim, o cuidado vai se transformando nesse alimento invisível que altera toda a sua percepção do tempo. Ele aparece como uma necessidade no presente, é no aqui e no agora que a sua agonia grita por ajuda, desde aquele choro que não estagnava nas primeiras cólicas. Ser cuidado promove futuros, e isso fez você chegar até aqui acreditando que a reciprocidade entre dar e receber é parte da matemática mínima desse jogo.

Os adultos foram lhe ensinando, lá nos bambolês e bodoques da infância, que uma vida solidária incluía o interesse pelos outros, prestando atenção aos seus problemas, criando relações de afeto baseadas no apoio mútuo. Eu lhe empresto o brinquedo, você me abraça quando choro, a gente ajuda a senhora a atravessar a rua, nós recebemos o melhor dos olhares no exato instante em que a dor de existir nos invade. Não sei se você já pensou no que vou lhe dizer agora, mas a sua saúde mental melhora enquanto você ajuda. Nessa verdadeira corrente de ternura e colaboração, você refina a percepção de suas emoções, já que fica mais íntimo das situações que o envolve. Acolhendo a raiva do outro, você começa a entender melhor como ela funciona em si mesmo. Abraçando a tristeza de uma pessoa que chora em seus ombros, vejo você viver um silêncio que o chama de volta às suas dores, e é nesse momento em que você ganha mais força para lidar com elas. Quanto mais você se conhece emocionalmente, mais se sente capaz de agir nas relações de que faz parte. Conhecer melhor as emoções, ainda que seja por meio de como elas se manifestam nos outros, permite que você tenha mais intimidade ao manejá-las e, assim, mais controle sobre a interferência delas em sua vida.

    Vejo você entoando um dos mantras mais universais do seu tempo, a empatia. Por meio dela, se manifesta a capacidade de sintonizar-se com as outras pessoas, tanto no plano mental quanto no emocional. Ela é o norte da bússola de seus relacionamentos humanos, mesmo que você se veja em alguns momentos em pleno julgamento crítico e nada empático de alguém ou de alguma história. Ainda assim, a sua obstinada busca por observar, perceber e sentir as pessoas se transforma na marca de seus encontros. Momentos sempre tingidos pelo seu esforço genuíno de fazer outro tipo de mundo brotar, no qual a delicadeza e a solidariedade sejam a porta-bandeira e o mestre-sala das avenidas em que desfilam as histórias das pessoas com quem você tem a oportunidade de estar.

E é na empatia que começo a aparecer, como a sombra de uma atitude tão solar, quando o entusiasmo lhe sinaliza que você pode mudar o mundo com sua disponibilidade para o outro. O olhar empático é o construtor do mundo virtuoso e, ao mesmo tempo, do vício de ajudar, que cega e faz da frase "se eu não fizer, ninguém faz" uma das armadilhas mais sutis. A empatia e o perfeccionismo se encontram, transformando determinada pessoa em um verdadeiro salvador: alguém aparentemente indispensável, que se culpa por não poder ajudar "como" e "quando" o outro necessita, que sente que mostra o seu valor, sobretudo, quando faz coisas pelos demais, e que tem imensa dificuldade em ser ajudado. Vou lhe dizer umas palavras indigestas, mas o ardor das pequenas grandes verdades é parte da saída dos mais imensos labirintos. Pode ser que você seja uma criança que se sente muito impotente para se proteger, e mascara essa desproteção fazendo o papel de quem contribui com o outro o tempo todo. Quero dizer, você faz pelo outro o que tem imensa dificuldade de fazer por você mesmo. Veja, eu não lhe desejo isso. Minha existência no seu dia a dia pode ter colocado você em um emaranhado de pura solidão.

★★★

Por isso, eu vim aqui: para escutar a sua história – e, antes dela, estou lhe contando a minha. Vi você chegando, idealista, àquele trabalho novo, algo com que você sempre sonhou. Ou, se no seu caso não era um trabalho remunerado, reconheçamos aqui que no "ranking das exaustas" estão as mães, mulheres não remuneradas por produzirem o cotidiano do cuidado, da educação e da socialização dos cidadãos de todas as ruas. Pode ser que você seja profissional da educação, ávido por ver seus estudantes construindo o conhecimento mais libertador para as suas futuras biografias. Ou que você integre uma instituição de saúde, na qual o seu papel esteja em atuar urgentemente no tratamento das patologias que comprometem a qualidade de vida e até mesmo a existência dos pacientes. Vi você arregalando os olhos e sorrindo de exaltação criadora, porque estava ali um pedaço da realização nessa fase da vida. Talvez a profissão, a maternidade ou o ativismo também tivessem a responsabilidade de realizá-la de forma compensatória, substituindo frustrações antigas pelo novo papel social veemente. Independentemente do tipo de ação no mundo, o que quero afirmar, sem medo de estar errado, é que apareço em qualquer trajetória de excessos. E não sou apenas o casamento da quantidade de trabalho com o cotidiano incessante, sou a expressão mais nítida dessa cultura acelerada que vocês escolheram para viver. Por isso mesmo, sei que sou como a chuva que lança a areia do Saara sobre os automóveis de Roma – caetanicamente universal. Tomo conta de quem é recôncavo e de quem é reconvexo. Com a diferença de não ter nenhuma elegância sutil. Eu aperto a sua mente, onde quer que você possa estar. Eu desarrumo, desalinho e desgoverno o seu juízo.

Apareço de soslaio, de dentro para fora, como uma faísca que em pouco tempo pode virar combustão. Volte algumas casas no tabuleiro do tempo, retroagindo até o momento em que seu entusiasmo coordenava suas ações. Era o novo trabalho; era a nova tarefa; era o novo filho; era a nova esperança. Naquele instante, você estava indiferente à ideia de que as coisas novas trazem o medo a reboque. O seu coração, no início dessa história, estava apenas tomado por uma causa que mobilizava sua energia e lhe convocava à ação imediata e abundante. Suas forças estavam no nível máximo. Era uma lua de mel com a nova missão, em que o amor e o sentido pelo fazer produziam grandes esperanças e expectativas elevadas. O tesão pelo belo ofício não lhe pedia para limitar sua atividade; horários jamais eram uma preocupação. Você também havia encontrado um forte sentido de pertencimento ao grupo de pessoas que estavam fazendo o mesmo papel, era a intuição de ter achado uma nova família. Os sonhadores, juntos, prometiam fazer o mundo novo brotar de suas ações, irmanadas em um mesmo propósito (esta palavra, propósito, muito na moda, é um belo disfarce para meus aparecimentos; cuidado com ela, porque eu posso aparecer mesmo numa ação cheia de propósito, em minha versão mais profusa). Como você já está rememorando as cenas de seu passado recente, nesse início, as dificuldades não lhe faziam cócegas, porque encontravam em você um dínamo de prontidão para enfrentá-las.

Mas, aos poucos, você foi percebendo que isso não tinha como durar para sempre. Os primeiros sinais de cansaço foram aparecendo. O que antes era um balão que se enchia do ar do entusiasmo e da vocação para uma missão enobrecedora, agora murchava no vento que carregava consigo todas as primeiras ilusões. O cansaço foi vencendo o cio. A eficiência foi se dissipando, lenta e progressivamente, fazendo desabrochar um toque de desânimo que jamais imaginou combinar com aquele ofício tão enlevado. Um lamento sussurrante começou a chiar no ouvido, que pode não ter escutado o próprio som incômodo. Conheço muita gente que, apenas depois de me sentir por inteira, conseguiu voltar no tempo e ver que não via que não me via. Por isso, se você ainda estiver nesse ponto, escute os meus sinais. Não só brumas leves das paixões que vêm de dentro deixam anunciações pelo caminho. Vou deixando avisos prévios discretos, e assumo que trago a notícia desoladora do fim do sonho irrefreável. Sim, eu sou um freio no seu sonho. Aqui, nesta fase ainda, sou um bom freio, já que lhe conecto com o real e com o possível, retirando-lhe a capa da onipotência que o fazia achar que poderia realizar tanta coisa durante tanto tempo. Aos poucos, a estrada vai deixando de parecer coberta apenas de flores, e você se dá conta de que chegar a Oz significa pisar em alguns espinhos, reconhecê-los, integrá-los como parte da jornada e, assim, fazer desse processo de amadurecimento um caminho dentro do próprio caminho. No entanto, como o início foi de puro apaixonamento pela causa com que seu coração se comprometeu, fica mesmo difícil acreditar que aquele fogo que lhe fazia agir com tamanho fervor estava se extinguindo, e dando lugar a uma chama tímida demais para ser o desenho da sua paixão em servir. Por isso, você decai também em autoestima, porque não vê os mesmos resultados de outrora, e descobre que eram justamente eles os motores da sua propulsão por continuar em campo. Despertar do sonho é sempre parte daquilo que chamamos de pesadelo. Descobrir que a vida não acontece no ideal, e que ele mora num lugar inacessível, é aterrador. Você foi vendo que qualquer fazer, por mais apropriado ao seu desejo, consegue deixar de ser fascinante para ocupar adjetivos que se colam mais ao sentimento do lamento do que do puro prazer. Nada que é tão fascinante, quando é exercido com pressão, sobrecarga e quantidade de envolvimento acima das possibilidades razoáveis de um humano, permanece nesse pedestal. E a queda vai ficando cada vez mais alta.

    A velocidade com que você foi se desgastando não é proporcional a nada, nem ao seu amor pelo ofício, nem pela sua disciplina ou dedicação. Basta que um corpo esteja mais frágil, com as emoções mais cambaleantes, ou viva uma cena muito crua, com potencial de se transformar em um trauma. Pode ser muito rápido o transcurso entre o início do arroubo da paixão até a frustração absoluta. Tudo em que se acreditava vai parecendo uma utopia inútil, adolescente, e você duvida de sua lucidez no momento de ter feito aquela escolha. "Como é que fui acreditar que isso pudesse funcionar?" "Eu não posso falar do quanto me arrependo, mas, em silêncio, só posso dizer para mim mesma que é a mais pura verdade." "Aonde foi parar aquele brilho nos olhos, aquela satisfação, aquela realização toda em mim?" "Estou cansada, exausta, sem fôlego e disponibilidade para pensar em fazer amanhã o mesmo que, havia tão pouco tempo, era a razão de minha existência." Não há vislumbre na paisagem diante dos seus olhos, de nenhum ideal, utopia ou sonho que acalente tamanho desalento. Os obstáculos vão se transformando em algo insuperável. Você está bloqueada, a mente criativa está de licença-prêmio e sem data para voltar à ativa. Os pensamentos, agora obsessivos, só lhe invadem dizendo o quanto você não suporta mais aquela rotina. Rotas de fuga, algumas delas insanas, passam como mapa em sua mente. Sua produtividade despenca, não há mais nem força, nem foco e nem fé. (Aliás, esse trio de palavras é uma das armadilhas mais eficientes para você me abraçar sem achar que está fazendo um mal a si mesmo.) Com a autoestima em queda livre, dada a eficácia que também desmorona, somam-se a culpa e a vergonha por não se ver mais à altura daquela tarefa que, antes, era o sal da sua vida.

Neste ponto, você começa a sentir que não ajuda mais ninguém e, portanto, vale bem menos do que imaginava. Eu sei o quanto sou o fruto desejado por esse modelo de funcionamento produtivista que você inventou. Não há como isso dar certo sem muito revés para quem o abraça. É estapafúrdio e tresloucado um projeto de vida que se estrutura em torno da superação contínua dos próprios limites, como se a vida fosse um subir contínuo de montanhas. Qual o lugar para os vales, os abismos, os fossos no caminho? Carlos Drummond de Andrade avistou esses vazios distantes da produtividade, dizendo: "No meio do caminho tinha uma pedra". E elas fazem parte, estão junto da sua decisão de uma vida próspera, interessante e frutífera. Não há como livrar-se do fardo de ter que fracassar de vez em quando. Dê bom-dia aos seus suspiros frustrados, boa-tarde às suas insatisfações aparentemente sem sentido e boa-noite às impotências que emergem no lugar das metas atingidas de anteontem. Vim aqui para, sobretudo, devolver-lhe o supremo direito de não precisar ganhar sempre. E queria bem que fosse como pó de pirlimpimpim, dizendo "pronto, você está livre!", fazendo-o se liberar desses excessos que adoecem. Para falar a verdade, estou exausta também desse tipo de falsa promessa em que você é hábil em facilmente acreditar. Não há fórmulas fáceis na desconstrução de qualquer cultura dominante. Tudo aquilo que o domina deixa marcas em várias dimensões da sua vida: pessoas que concordam com essa cultura, que esperam que você continue nessa trilha exaustiva, que acreditam que esse é o único caminho, porque ele enobrece sua biografia e lhe oferta aplausos em todos os lados. Viu como isso não é fácil? Por isso, estou me abrindo, pois me sinto realmente impactada sobre como me transformei na marca de um sucesso que traz tantos malefícios. Virei um paradoxo a ser escondido: a parte sombria do que você vive mal pode ser dita, porque é como se você perdesse o direito de dizê-la. Ser bem-sucedido é lugar de privilégio em uma sociedade produtivista, e falar do ônus dessa suposta linha de chegada parece ingratidão à enésima potência. Fale, comente, reflita, questione, não silencie seus incômodos, porque eles são o farol de sua reconstrução. Se você não aguenta mais, sua vida merece receber uma reforma; há muito de você soterrado embaixo da carga de afazeres e louros de glória. Tome aqui a vassourinha de arqueólogo, vamos escavar com calma os fósseis do seu desejo, que precisou ficar represado em nome de algo que, hoje, não está lhe parecendo uma alternativa inquestionável.

Porque, já lhe adianto, se você não fizer isso, e rápido, pode chegar ao estágio em que sua crise se aprofundará com o próprio espelho. A frustração congelada e sem elaboração ou revide pode levar a alguma doença psicossomática, às compulsões (por exemplo, por comida, compras, sexo ou drogas), e a sérios prejuízos nas relações sociais e familiares. Muitas raivas disparadas contra o cônjuge, os filhos, familiares, amigos ou colegas de trabalho representam as mutações da frustração em impaciência e intolerância. Há algo não resolvido, incomodando porque é matéria urgente, porém tratada com adiamento. Você merece superar essa crise, reconciliando suas ambições e desejos com a realidade possível. É hora de amadurecer um pouco mais, abrindo-se a novas possibilidades de lidar com aquilo que se ama ou com aquilo que inevitavelmente precisa continuar a ser feito. Até mesmo as ações mais crônicas e intermináveis de uma vida podem receber uma reforma íntima. Nunca perdemos a liberdade de escolher novas formas de nos relacionarmos com os elementos mais intrínsecos da vida. Faça isso por você, não se permita chegar ao cume do encontro comigo. Fico aqui, no alto da Montanha da Produtividade Sem Limites. Daqui, vejo você se debatendo nos platôs, as planícies em que você costuma fazer a celebração das vitórias e construção de novas metas, ou o descanso merecido depois de um fracasso retumbante. Olhe para cima, você pode me ver aqui com outras pessoas ao meu lado. Todas se sentem esgotadas, para além dos seus limites. Algumas delas nem sentem mais...

⋆ ⋆ ⋆

Esta conversa é uma autorrevelação. Vivo aqui no alto desta montanha, que é uma paisagem de onde as pessoas que aqui chegam podem ver o caminho trilhado com algum senso crítico. De tempos em tempos é bom parar – não com o intuito de desistir, nem de reavaliar e considerar alterações na rota ou na forma de subir a montanha. Para falar a verdade, eu me questiono se todos precisariam chegar até aqui. Eu não gostaria de ter tanta gente aqui ao meu lado, imersa em sentimentos agridoces sobre a própria história. Muitos me dizem que nem compreendem por que fizeram essa escalada: sentem-se autômatos, sem identidade própria, levados pela correnteza das pressões familiares, culturais, religiosas, econômicas ou sociais. Outros me contam que não tinham alternativa, que precisavam caminhar nesse ritmo de dedicação ao trabalho porque tinham boletos para pagar, e não vislumbravam outra oportunidade menos desgastante para prover suas famílias. Outros tantos se dizem pessoas de sorte, porque pelo menos têm trabalho, e citam exemplos de indivíduos próximos que estão sendo ajudados por terceiros a colocar dinheiro em casa. Entenda: nem todo mundo que está exausto se sente bem-sucedido. Não é esse o foco das pessoas quando se exaurem. O cansaço está ligado aos excessos e à quantidade de tempo que se dedica a uma função. Mas, hoje, sou uma ideologia, uma quase-aspiração. Os desempregados veem os exaustos e dizem: "Ah, como eu queria estar no seu lugar!". [Suspiros... eu suspiro em lamento, ao escutar essa ilusão em forma de desejo...]

Me transformei em muito mais do que jamais tinha sido. Antes eu era um sinal de alerta. O cansaço chegava para dizer: é hora de trocar o movimento pela pausa. Era tempo de deixar o tempo escorrer sem pressa, com a languidez de um rio meditativo. Mas isso era antes. Você fez de mim um paradoxo, um avesso, um absurdo. Quem me abraça é porque deu certo. Quem deu certo não pode reclamar da exaustão que chega junto. Quando você começa a romantizar a exaustão, se perde. Não sou romântica. Sou uma lâmina afiada no meio da sua paz de espírito. E é preciso que você retorne a essa compreensão, porque sentir-me como espinho é um apoio que lhe deixo para que você não se perca no meio de tantas atribuições. Sempre fui espinhenta, mas agora me veem como o resultado do engajamento – palavra fácil no vocabulário das redes sociais e do meio profissional. Se você não está afeito a ela, troque-a por envolvimento. É daí que nasço, nesta cultura acelerada: quem é bom, quem é dedicado de verdade àquele ofício, causa ou ideia, é mais visto e mais celebrado. O grande problema é que o barulho das palmas impedem de dar voz à dor que lhe provoco. Numa sociedade do espetáculo, as palmas são a resposta da ilusão à sua necessidade de ser visto, e por isso mesmo é tão fácil ficar cego para o resto.

★ ★ ★

Como sou uma ideologia, estou em todos os lugares. Sou como o dente-de-leão, só que na versão apressada de voar. Chego rapidamente através do tempo, ocupando espaços que antes não estavam assoberbados de fadiga. Comecei falando de quem trabalha com a entrega a um outro, a uma causa ou a um projeto. Aqui estão inseridos os profissionais de saúde, educação, direito, bombeiros, policiais, líderes religiosos, profissionais do terceiro setor, professores e muitos outros. O trabalho não existiu para ser infinito, tampouco para ocupar tamanha fatia da energia e do tempo das pessoas. Ele vem se transformando num exagero legitimado, que sobrecarrega a própria felicidade de fazer o que se gosta ou, pelo menos, gostar do que se faz. Diante do extremo da dedicação, apareço como essa máscara sombria do êxito. Ninguém é capaz de produzir indefinidamente esse combustível da disponibilidade da empatia para um outro. Médicos se cansam, professoras se esgotam, bombeiros se irritam com um novo incêndio, e as vítimas passam a ser vistas como irresponsáveis imbecis. O excesso vai fazendo a pessoa perder a ternura que a conectava à dor do outro, e assim vai se sentindo esvaziada, como se não tivesse mais nada a oferecer aos demais. E como precisa voltar para trabalhar no dia seguinte, embora não fosse assim o seu desejo, vai se afastando emocionalmente das pessoas, tentando reduzir a intensidade das relações de cuidado até o mínimo indispensável. A tentativa, aqui, é a de se ver livre da sobrecarga emocional que só faz crescer. Esse é o nascedouro da indiferença que mata as relações de ajuda. As pessoas não são frias e desumanas, elas só estão esgotadas e sem qualquer tipo de apoio ou tratamento. Elas me dizem: "Não aguento mais, preciso de um tempo!". E as férias não parecem ser a resposta. A indiferença gera maus-tratos, e ver-se no lugar de quem é violento, quando de fato aquele ofício foi escolhido pelo apreço ao humano, é devastador. Mães vivem isso todos os dias. As mães são as pessoas mais exaustas e invisíveis da sociedade.

No caso das mães, a dedicação integral que as consome está muito mais ligada à imensa responsabilidade de cuidar de alguém tão vulnerável e imaturo, além da cobrança de serem as protagonistas da cena da devoção ao cuidado. Vocês falam demais da culpa materna, mas não os escuto abordar com igual ênfase a tremenda exaustão em que essas mulheres vivem. Vocês afirmam que as mulheres são inclinadas ao cuidado, uma das mentiras mais deslavadas inventadas pelos homens para que eles pudessem ficar inteiramente do lado de fora da casa, na busca pela provisão financeira e pela acumulação de cargos, títulos e bens. Do lado de dentro das casas cá estou, assistindo às mulheres mães saturarem a paciência com gritos, lágrimas e culpas. Vejo as mães como mulheres cheias de possibilidades para além da maternidade, mas que são oprimidas por uma norma social que lhes faz entregar toda a energia a uma atividade que é hiperexigente, de cuidar de um ser hiperdemandante. Por mais que o encontro com o amor por um filho possa ter tons poéticos e reparadores de grandes feridas da alma, eu estou sempre recebendo mais e mais mães que vêm ao meu encontro, abraçando-me e derramando a dor de falirem em expectativas irreais que lhes foram impostas. E o pior: funciono como um confidente secreto, porque sentem pouquíssima liberdade com outras pessoas para abordarem o quanto estão saturadas de cuidar. As mães estão exaustas de não poderem sentir raiva, tristeza, medo e saudade. Existe uma dor legítima por simplesmente serem cobradas como as responsáveis eternas pelo cuidado de suas crias. A partir delas, quero deixar uma outra mensagem: eu sou o reflexo de dramas coletivos, de absurdos que podem ser corrigidos com alterações no funcionamento das famílias, das comunidades e das sociedades. Para a exaustão de uma mãe, há que se reconvocar o pai, o mundo à volta daquela mulher e a ideia de que ela precisa dar conta sozinha daquela função. A tal vila, que os africanos afirmam tão sabiamente ser fundamental para se criar uma criança, é responsabilidade de todos. Vejo as mães aqui ao meu lado e posso assegurar: nenhuma delas é negligente. Se elas faltam hoje ao cuidado de seus filhos, é porque antes disso ficaram roucas, gritando pelo apoio que pouco chegou de suas redes, e sobretudo desistiram de engajar os pais na função que sempre lhes foi obrigatória, mas que vocês insistem em ver como opcional.

Há inúmeras mães aqui, só que com uma diferença: elas sobem a montanha todos os dias, numa velocidade maior do que os líderes das organizações, mais constantemente do que os médicos e as enfermeiras. E, embora no topo da Montanha da Exaustão, continuam invisíveis para um mundo que acredita que elas não fazem mais do que a sua obrigação. Muito do cansaço que elas trazem na alma é devido às costas dadas a essas mulheres. Elas sobem uma montanha que é uma verdadeira queda para o alto. Como resposta a uma expectativa judaico-cristã de elas serem a imagem e a semelhança de Maria, já nascem culpadas por serem apenas humanas, falíveis, carregadas de dúvidas e ambivalências. E não meça o amor de uma mãe pelo peso de sua exaustão, porque seria uma violência a mais. A exaustão não rima com amor, mas com solidão. É da solidão que se gesta uma mãe desesperada com a própria sobrecarga. Mães são aprendizes, mas os olhos do mundo as enxergam como supostas mestras na arte de preparar o filho para o mundo desde a sua estreia. São inúmeras camadas de obrigatoriedade de performance exemplar, somadas às necessidades intermináveis de um ou mais filhos, que poderiam ser exercidas também pelos pais. Quando uma mãe não aguenta mais, há que se perguntar quem mais deveria estar ao seu lado realizando diariamente a lida com as crianças. Pais, subam um pouco essa montanha, deixem-nas aí embaixo. Aguardo-os aqui para sentirem o que elas sentem. E não deixarei de ofertar-lhes abraços compassivos, porque sei que vocês descerão de volta para casa mais conscientes das assimetrias injustas entre quem precisa fazer e quem tem o privilégio de descansar nos casamentos.

Digo isso porque sou uma mulher. Meu nome, um substantivo feminino singular, veio muito antes de eu ser transformada em pandemia. E não é uma simples coincidência. Talvez a palavra que me deu cor tenha vindo como uma profecia cultural, como uma ilustração do que seria feito com o gênero feminino – e com a maternidade, que está longe de ser o ápice da identidade da mulher-mãe. Sei o que é o cansaço, eu me chamo Exaustão. Aqueles que inventaram a exaustão materna, ora, tenham a fineza de contribuir ativamente com a sua desinvenção.

★ ★ ★

O que me trouxe até você foi um sinal de alerta vermelho, dentro de mim e espalhado por todos os lados, onde só tenho visões de excessos gerando exaustões. Você agora é uma pessoa valorosa a partir do que fez ou apresentou como produto para o mundo. As suas crenças, o seu modo de ver a vida, têm valor bastante menor, o que é em si uma lástima. A régua que está no julgamento interno de uns com os outros é o desempenho. Por meio dela, você se mede. A palavra em inglês, *performance*, mostra esse obscuro objeto do desejo de ser reconhecido. Se, nos anos 1960 do século passado, vocês se viam fazendo a revolução do prazer, acreditando que tinham vencido a opressão da cultura judaico-cristã, eis que o sacrifício retorna como instrumento para um novo tipo de neurose. O pensamento que circula na mente, como um disco arranhado, fazendo o dia roer unhas e a noite ficar insone, é o da produtividade. Eu produzo, tu produzes, eles performam. Nós nos estafamos, vós cansais, eles se esgotam, e todos são aplaudidos.

    Nesta maratona sem linha de chegada, o que importa não é mais somente a aceleração, mas manter o corpo e a mente nesse estado de pleno rendimento. Os corpos precisam suar para produzir endorfina a fim de aumentar a criatividade, e não para manter a saúde integral. Os remédios de déficit de atenção e hiperatividade entram como aspirinas nos cargos de alta performance, como as novas drogas que não permitem que seus limites humanos sejam percebidos e, portanto, atrapalhem os resultados esperados. As mães não precisam somente maternar como o psicanalista inglês Donald Winnicott passou a chamar de "mães suficientemente boas", mas sentem que precisam performar como mães perfeitas, sem defeitos, sem sombras, amorosas e sem dúvidas quanto aos caminhos a seguir. Sentem-se desqualificadas na própria autoimagem, quando precisam pedir ajuda e se veem entre lágrimas, culpa e medo de não serem o que haviam silenciosamente prometido aos seus bebês durante a gravidez ou durante a espera pela adoção. Até as crianças passam a ser vítimas dessa vida performática, quando o seu brincar, ato mais genuíno e espontâneo da configuração de seus dias, passa a ser regido por um adulto, que planeja, organiza e avalia os resultados do bom desenvolvimento infantil, medindo-a acima ou abaixo da régua esperada dos marcadores de sua evolução. O pediatra carioca Daniel Becker, sempre atento às necessidades da infância e às durezas da cultura em que as crianças se forjam, afirmou sabiamente: *infância não é época de se construir currículo*. Mães e pais, muitas vezes sem se darem conta, neurotizam a biografia de seus filhos pequenos, imaginando-os já na mesma trilha que os preparará em resiliência para a Universidade dos Exaustos.

★ ★ ★

Se tudo está lhe parecendo muito asfixiante, se há mesmo muita semelhança entre o que eu conto aqui e o que você vive, respire um pouco para você não transformar uma conversa que pode ser auxílio em motivo para desespero. A consciência do problema é parte da reconstrução, e seu estado de cansaço faz tudo se mostrar mais impossível de ser transformado. Quando aparecer esse tipo de sentimento, é hora de se questionar para sair dessa caixa tão apertada. Um dos efeitos que eu promovo na sua mente é o estrangulamento das alternativas. Não acredite no que eu faço você sentir; estas cartas que coloco abertamente sobre a mesa têm a capacidade de lhe dar canastras limpas e novas em folha. Pensar novas possibilidades é a aventura que faz a mente sentir-se mais útil.

Vou aparecendo de mansinho, como uma sombra fina que não deixa rastros tão aparentes. Mas, como o seu mundo gira a meu favor, minha presença vai se transformando na protagonista dos seus dias. Isso o deixa em perplexidade, incrédulo sobre como isso pode ter acontecido. Vejo a sua resistência em acreditar que pode ter se rendido tão cegamente aos meus encantos. Sim, eu sou a sereia Iara que canta e entorpece, mas não somente os homens. É sempre doloroso perceber que há pontos cegos no caminho: "Não vemos que não vemos". Eu mesma não vi que provocava tamanho estrago em vocês. Aos poucos fui dando conta desse alcance monstruoso e caí num pranto que misturava culpa e dúvida, medo e raiva. Por isso, imagino que essa conversa comigo deva provocar em vocês algum nível de desencanto consigo.

COMO PUDE CAIR NESSA?

**Que sinais a Exaustão me dava de sua presença, e eu não conseguia perceber?
Por que eu ainda romantizo a Exaustão?
O que ainda preciso saber sobre esse tema para transformar o meu cotidiano?**

Perceba que, no geral, as perguntas são todas arqueológicas. Supõem que há uma explicação desconhecida e que jaz, ainda úmida, na terra do passado, soterrada com as cenas vividas. Entender o que aconteceu é ótimo, fundamental, é a base, inclusive, da imensa maioria das terapias. Os terapeutas são verdadeiros fabricantes de máquinas do tempo, que convidam as pessoas que eles escutam a entrarem ali e revisitarem passados recentes ou longínquos. O movimento que se gesta a partir dessas perguntas é compreensivo, explicativo e amplia a consciência de todas as maneiras.

Mas hoje quero sugerir outro tipo de pergunta. Não aquelas que você já se faz há tempos, e que o levam a entender um passado, a contar com mais precisão a própria história. Você está em exaustão. E eu sei quem eu sou. Provoco o enturvescimento do olhar para a vida. Faço você desacreditar no futuro. Então, a saída desse labirinto não é somente retornar ao passado, mas também inventar futuros. Há quanto tempo você não se detém a inventar futuros? Toquinho, em sua magnífica "Aquarela", cantava como rouxinol das infâncias dos anos 1980: "E o futuro é uma astronave que tentamos pilotar/ Não tem tempo, nem piedade, nem tem hora de chegar/ Sem pedir licença muda a nossa vida e depois convida a rir ou chorar". Para ele, o futuro é uma entidade tão autônoma, tão irreverente em sua chegada, que surpreende todo tipo de controle ou planejamento. Planejar e controlar são verbos opostos ao que lhe proponho agora: inventar. Controlar é tomar as rédeas do tempo como se o futuro pudesse ser domado. Inventar é trazer o seu cansaço para brincar.

Se nas terapias sempre voltamos para a infância, é porque ela guarda tesouros preciosos sobre quem somos. Quando a memória quer se lembrar da bela infância, a cena é de brincadeira. Por meio dela, a realidade se acanha em suas certezas rígidas e nos deixa livres para experimentarmos a leveza de algo que ainda nem existe. Brincar é inventar, o tempo inteiro. E deveria ser o tempo inteiro da vida toda. Uma das maiores perdas para você, ao crescer, é imaginar que brincadeira é coisa de criança. Veja que curioso: comecei essa conversa contando que sou um contrário. Então, o agora sou eu, a figura que lhe fez chegar até esse estado tão deteriorado, e que pede a sua mão para que brinquemos juntos. Vamos brincar de inventar futuros.

Você está aqui, sentado, lendo esta carta, num presente do indicativo que delineia a vida que lhe exaure. Fique aí, neste momento, pensando em que partes da vida você gostaria de inventar futuros. Pode ser que estejamos falando da sua forma de desenhar a fronteira entre o trabalho e a vida privada; pode ser que, no seu caso, a decisão seja a de chamar alguém para compartilhar uma tarefa que você acreditava que só poderia ser feita por você. O que teria acontecido com o seu futuro, caso você tivesse tomado outro tipo de decisão? Se quiser, pare a leitura um pouco para imaginar um futuro que poderia ter sido construído a partir de outras decisões tomadas lá atrás. O que precisaria acontecer para você se visualizar vivendo de um modo um pouco diferente? Como você se enxergaria daqui a seis meses, caso as decisões de sua vida fossem outras? Tome um pedaço de sua vida que você sabe que contribui para a sua exaustão, mas sobre o qual você diria: "Não, eu jamais conseguiria mudar isso". Imagine que essa parte de sua vida lhe fosse subtraída – por exemplo, se você perder o emprego, tiver que se mudar de casa ou se separar do seu parceiro ou parceira. Como esse futuro é hipotético, você tem a liberdade de liberar os seus pensamentos sem freios. Então, brinque de inventar esse futuro. Por exemplo: caso você tivesse que se imaginar num futuro próximo sem essa parte de sua rotina, que futuro seria esse? Que sentimentos inéditos você viveria ali, por estar nessa vida tão inimaginada? Que pessoas aplaudiriam (e quais criticariam) as decisões que você teria tomado nessa oportunidade? As mudanças não são vãs, elas têm o seu preço, e ele geralmente aparece nos relacionamentos mais íntimos... Como você se veria no espelho, olhando para a pessoa que conseguiu fazer acontecer uma nova história? Diante de um corpo exausto, como o de agora, como você se perceberia em movimento? Por mais que possa lhe parecer estranho brincar de inventar futuros, eu garanto: em qualquer porvir que lhe entregasse alguma metamorfose em relação ao que você vive hoje, você se realizaria. A alma é inventiva por natureza, e consegue se achar sempre que se vê perdida.

Sei que está difícil imaginar um recomeço, ainda mais percebendo-se em estado de definhamento. O cansaço vai fazendo você se ver arrastando uma bola de ferro enquanto é obrigado a levar adiante as tarefas rotineiras. A angústia de ter que recomeçar o dia vai se transformando em anestesia e apatia. Os dias se sucedem como repetição indesejável, e pode até ser que você esteja indiferente à própria indiferença que vem se construindo aí dentro. Por isso, inventar, brincar, movimentar. Este livro é um passo de dança. Estou retirando você para uma pirueta, uma cambalhota que desconsidera seu estado atual como o limite. Cheguei aqui para rasgar o limite entre o que você acha que é capaz de fazer com sua vida e o que sua energia lhe diz que é possível caminhar. Tome as minhas mãos, eu sou o seu novo combustível. E não estou sozinha. Decidi escrever para você, porque, de tanto ver desassossegos em forma de humanos decaídos, decidi pedir ajuda.

Percebi, como em tantas outras situações que você vive, que não saímos de dilemas complexos pela via da solidão. As novidades e os futuros só conseguem aparecer quando as mãos se dão, em colaboração. Temos muito o que conversar, você e eu, numa mesma marcha rítmica. Estou aqui para lhe mostrar que a dança do cansaço com o futuro inventado é a genuína combustão que implode as mais inimagináveis resistências.

2. O MOMENTO DE TER OLHOS PARA SE VER

Eu sempre vi vocês aqui de cima. A vista panorâmica da sua vida me gera palavras infinitas, embora saiba que ver qualquer fenômeno só de cima, de forma generalista, tem as suas limitações. Deixei essa posição confortável de espectador que tudo vê para acrescentar a escuta a cada uma e um que escalou a montanha e chegou até mim. Como essas pessoas chegavam? O que elas sentiam por estar ali? Ainda que houvesse algum sentimento de vitória, elas estavam a serviço de que ou de quem? Onde moraria a ilusão da conquista, naqueles olhos exaustos? A ilusão estava também em mim, confesso. Impressionante como é fácil deixar de perceber o que é palpável, frequente e sofrido. Mas, sim, eu também me ceguei para o óbvio, me equivoquei sobre o que achei que pudesse representar para vocês em seu mundo. Quase deixo de me chamar Exaustão para passar a ser o Autoengano, mas pude despertar, evitando inclusive que eu fosse contaminada pela grande praga deste século: a mentira, que, contada incessantemente, ganha ares de verdade. A bússola da civilização tem sido perdida com a ausência da hierarquia entre a verdade e a mentira. Não haverá mínimo acordo no que vocês chamam de civilização, enquanto as duas coisas continuarem a ter o mesmo valor social. A mentira não pode mais viver tanto tempo se espalhando por aí, como se verdade fosse. O desmascaramento das ilusões tem a mesma fragrância, o cheiro da verdade é límpido e faz sorrir de alívio. Foi assim que me senti, quando comecei a entender quem estava sendo. Não era minha intenção, sou também regida pelo encontro propício com minhas falências. Tenho meus pontos cegos, não vejo que não vejo. Quando essas miopias nos invadem, e nem sequer notamos que estamos cegos para algumas partes de nós, precisamos de alguém para dizer-nos o que está em nós e é, ao mesmo tempo, alheio. O olhar do outro pode ser ferino e puro julgamento, mas pode igualmente escanear de alguma verdade indigesta sobre nós. O que eu fiz por mim pode ser considerado uma autoanálise, mas somente por pura solidão e ausência de quem me escutasse. Posso lhe assegurar que teria preferido o belo encontro com alguém com escuta profissional, para acolher a angústia de uma Velha Senhora...

Aos poucos, ao longo das últimas décadas, venho colecionando impressões que se sedimentaram na esteira do tempo. Quando queremos gerar ideias sobre o mundo, é bom esperar alguns ciclos da vida contínuos para perceber se aquilo que estamos vendo é fogo de palha ou uma característica marcante, que ultrapassa as modas e as inconstâncias. Por isso, fui me assustando comigo mesma. Quanto mais eu me observava através da turva luz dos olhos das pessoas à minha volta, mais ainda me angustiava. Eu não era mais um sinal de alerta, não via as pessoas se incomodando com os meus espinhos que lhes causavam dor. Aquele foi o primeiro sinal de que eu poderia estar enganada. Não via que não via, mas, aos poucos, a possibilidade de ter olhos para ver me revisitava a cada dia. As pessoas não se encontravam mais como antes. Só nas cidades bem pequenas, onde o relógio parece ser ritmado em uma velocidade mais lânguida, é que eu via pessoas colocando as cadeiras de balanço para conversar com o vizinho, ao cair da tarde. Perdia-se, sem que nem eu me desse conta, a capacidade de olhar nos olhos do outro. Para uma conversa desta natureza, é preciso acreditar em algum tipo de silêncio. O silêncio de escutar, o silêncio de compreender o que se escuta, o silêncio de processar o que se sente enquanto se escuta, o silêncio para decidir que palavras usar para responder.

Tudo isso pode inclusive acontecer rapidamente, porém o mais comum é que nem essa breve pausa seja aceita entre os velozes, furiosos e urbanos.

Mudar de opinião é coisa dura. Somos habituados a rotinas de apreços que se perpetuam: objetos, rituais, pessoas, coisas, ideias. Meu processo de escutar os fogos dos meus incômodos não foi nada suave. Passei um tempo negando o que estava sentindo, tentando afastar de mim aquele cálice de insatisfação com algo que ainda não tinha nome. Continuava com o privilégio de quem vive em uma hierarquia qualquer. O lugar mais alto e mais poderoso dá permissão para negar, adiar, desentender e até mesmo fingir para si mesmo. No entanto a vida é mais tinhosa, e não deixa nem os que se acham mais intocáveis, como eu, sem as indisposições que rangem como portas que se abrem sem autorização prévia. Por isso, ninguém está livre de ser incomodado em suas certezas – e, num dia qualquer, eis que as perturbações chegam primeiramente sem nome. Os mineiros chamam isso de *um trem*; me divirto muito com a frequência universal com que esse símbolo pode substituir qualquer objeto de que se fale. *Um trem*, para eles, é uma coisa, um evento, uma pergunta, uma angústia, uma perturbação. Algo que ainda não se conhece a ponto de ter contorno, nome ou sobrenome, é mesmo *um trem*. Estava sentindo *um trem* extravagante, entrando no silêncio como um barulho progressivo que não deixa a paz ganhar espaço. Angústia é *um trem* que vai chegando de longe, anunciando a parada na próxima estação com uma suave fumaça no terceiro plano da cena. Aos poucos, aquilo vai chegando perto e tomando a dianteira de tudo. O trem das minhas angústias foi chegando e domando as certezas que tinha a meu respeito. De repente, não conseguia mais me ver como antes. Eu, que sempre me achei dona de mim, que sempre me vi capaz de ser o que quisesse ser a partir de meus desígnios, entendi que era fruto de uma história construída por milhões de mãos. Eu não tinha o controle sobre minha identidade da forma como imaginava. Também estava conectada a tudo e a todos. Também era parte de um tempo, de um mundo e de uma forma determinada que os humanos veem, sentem e, assim, levam a vida ao meu lado. A severidade de um momento: perceber que não controlo totalmente a minha existência. Sou parte de um coletivo, sou parcialmente determinada por aquilo que não domino. A sociedade promove revoluções de costumes, e eu aqui de cima vou recebendo o impacto disso – e num nível de passividade e de incontrolabilidade que me foi chocante perceber. Descobrir-me foi perceber que não estou com essa bola toda. Sinto, hoje, muita compaixão de quem tem certeza de que controla e comanda a própria vida, e que pode, sozinho, fazer acontecer tudo o que espera para si. Entender a força da identidade coletiva é cruel para quem é mais individualista, mas é justamente isso que pode salvar alguém de envelhecer em uma vida pouco autêntica.

Antes, a minha certeza era: quando eu apareço, você se incomoda, se assusta com o que lhe provoco, e aí você se detém, faz uma parada no percurso, muda de cenário, deixa de fazer tanta coisa ao mesmo tempo, descansa, se regenera e retorna à vida cotidiana. A Exaustão servia para lhe dar um toque, uma sinalização de que algo não ia bem – como uma febre anunciando uma infecção que pode ser mais bem tratada de modo precoce. As décadas do século XX foram se sucedendo, e fui sentindo que deixava de ser isso para vocês. Não conseguia acreditar que estava mesmo sendo transformada num evento admirável, numa espécie de certificado de êxito, numa sensação daquelas que melhor faziam o que precisava ser feito. Não foi de repente que vocês fizeram essa transformação no meu significado cultural, mas, na verdade, hoje me sinto quase uma interjeição sorridente. Quando alguém diz "estou exausto!", é como se o outro escutasse isso e entendesse: "Que luxo, que sucesso, que carreira, que dedicação, que responsabilidade, que foco, que produtividade, que tudo!".

Ver-me sendo incensada desse jeito me fez muito mal. A princípio eu gostei disso, tenho de confessar. Quem não gosta de ser bem-vista, de ter poder, de ser desejada? Fiz a mesma trajetória de Narciso, e me apaixonei pela minha imagem, mas com uma pequena diferença da história do mito grego: no meu caso, o rio era você, e, quando eu coloquei a cabeça projetada no alto da montanha, vi como reflexo o que você fez comigo na sua vida. Esse era o meu espelho. Apaixonei-me por esse poder de ser bela aos seus olhos. A sua devoção por mim me iludiu. Hoje eu entendo: ter poder é se encantar também por ser desejada. Sou uma espécie de influenciadora digital com milhões de seguidores no mundo inteiro. Todos me querem como símbolo, mesmo sendo eu a antagonista da saúde física e mental dessa sociedade. Tive de passar por essa fase, sentir o meu ego inflado para depois entender o tamanho da fantasia que ele constrói em quem tem poder, sucesso, fama, prestígio e alcance.

A trajetória de quem se descobre muito egocêntrico e narcisista é a perda absoluta de noção e do ridículo, e em algum momento isso se revela como um espelho quebrado. Aconteceu comigo. Comecei a me marear com a empáfia com que eu olhava para quem não vinha me abraçar. Passei a chamar os quietos, os sossegados, os que ainda acreditavam nas pausas e podiam fazê-las nos seus dias de "pessoas de pouca ambição". Comecei a culpabilizar o descanso. Observei as oscilações entre as atividades em demasia e o desejo de descanso, antes sinais de saúde e equilíbrio emocional, como: preguiça, falta de disciplina e responsabilidade com o futuro que se pode construir.

Precisei me ver assim, tomada pelo dissabor da vaidade, para entender em mim o que hoje critico em você. É fácil demais ser seduzida pelo poder do reconhecimento, do aplauso e da aceitação social. A neblina que enturvesceu a minha maturidade é a mesma que o deixa refém de uma velocidade que não leva a muitos lugares, senão aos dissabores do encontro comigo e com os desalentos que lhe causo. Estou desde a primeira palavra querendo lhe poupar de algum tanto de vida sem sentido. Você se cobriu de sedutores véus e encerrou a sua vida imerso em memórias que poderiam ter sido. Como sou imortal e presente em todos os tempos como uma possibilidade em você, chego como uma conversa que quer acontecer agora, como um diálogo a respeito da vida de hoje, e sobre o daqui a pouco que pode ser diferente. Por acreditar que qualquer nascer do sol pode ser o descanso para as histórias cansadas de sofrer, trago perguntas que podem ampliar as estradas que você não consegue ver como panorama evidente. Você não precisa acreditar que alguma porta nova possa ser aberta, porque isso pode ser parte do que provoco em quem me abraça há tempos. Fecho aquelas cortinas que costumam abrir os pulmões de quem crê em si, no mundo e em algum tipo de vida nova. E, por isso, sou tomada de compaixão e de desejo de lhe trazer para mais perto, não para o abraço que somente reafirma a sua exaustão, mas para a confiança, mesmo que ela ainda seja um pouco tímida. Pois há de existir outras vidas possíveis nas quais eu não apareça como o seu único e destemperado destino.

3. QUANDO O ENGAJAMENTO RIMA COM ESGOTAMENTO

Desde que você me transformou em um símbolo de status disfarçado, que supostamente eleva as pessoas mais responsáveis e dedicadas para o pódio dos aplausos, aquilo que era louvável se fez o verbo da patologia. A intensidade com que as ações humanas passaram a ser celebradas foi ascendendo a expectativa de desempenho a níveis inimagináveis e, sobretudo, desumanos. Você passou a correr a maratona do impossível, correspondendo às expectativas de sempre superar a si próprio. Nessa maratona, só vejo corpos decaídos em adoecimentos mais ou menos silenciosos, emoções transbordadas querendo algum alento imediato nas compulsões de cada dia. O corpo humano é a marca da finitude: ele permanece vivo porque envelhece, e mostra as suas marcas para o espelho a fim de que você se depare com os novos limites que não existiam até pouquíssimos "ontens". Ao envelhecer sempre, o corpo desvela o seu maior segredo, que é o de não conseguir fazer tudo o que quer. O corpo é o lugar das escolhas, é a imagem das renúncias e, simultaneamente, o templo das possibilidades. É por meio dele que você pode começar a sair do seu estado mais crônico e crítico de exaustão. Escute honestamente o que ele está lhe dizendo sobre o quanto você o extrapola e faz dele uma caixa de ressonâncias de sintomas de toda sorte. O seu corpo lhe manda uma carta falando dos seus momentos de crise, porém as palavras são as dores físicas e emocionais. Para compreendê-las, você precisa inventar um abecedário, algo como um tradutor de linguagem de sinais. Talvez essas mensagens sejam inéditas, pois o seu corpo envelhece e transforma toda a sobrecarga que recebe em alguma enfermidade, como: úlceras, alergias, hipertensões, enxaquecas ou insônias. A tradução dessa linguagem corporal não deve se prestar somente à descoberta do remédio que elimina temporariamente o sintoma, mas, sim, auxiliar na compreensão de sua gênese. Essa investigação não é necessariamente realizada por meio de exames laboratoriais. Uma descoberta como essa pode estar ligada às escolhas de uma vida inteira...

Você não está sozinho. Os seus sintomas têm a cara do seu polegar, mas posso garantir que as pessoas da sua cultura são forjadas a acreditar que a aceleração é a toada do grande triunfo. Embora as minhas palavras estejam voltadas para a sua experiência pessoal e sua capacidade de promover alterações significativas na sua rotina, é meu desejo que você entenda que o problema não é seu devido a alguma falha de seu circuito interno. Ou por causa de algum defeito de fábrica já sem garantia. Você não nasceu para ser uma máquina – e, se prestar atenção, verá que até as máquinas têm limitação de desempenho, de acordo com a capacidade do seu "corpo" (o hardware) e da sua "mente" (os softwares e aplicativos). As máquinas lhe dão esse recado por meio de bugs, travamentos e perdas de memória. E elas fazem isso sem o menor sinal de culpa. Você, quando pifa, se sente arrasado por não conseguir manter uma suposta efetividade interminável. Esses bugs nas máquinas e nos humanos servem a um encontro mais responsável com o que estamos solicitando de ambos. Na sociedade do desempenho, como diria o filósofo coreano Byung-Chul Han, você é, ao mesmo tempo, o chefe carrasco e a vítima da exploração. A percepção de produzir incessantemente já está internalizada em você e, por isso, não existe mais a necessidade de escuta de lideranças reforçando esse posicionamento. Você mesmo diz para si: "Eu me cobro muito e sou o meu maior algoz". Nesse circuito, a culpa aparece como uma forma de manter o equilíbrio que toda a engrenagem quer que você tenha: produção, produção e produção. E não se engane: quem vai construir algum limite para isso não é o próprio sistema, mas você, durante a sua vida privada ou coletiva, organizando-se para fazer desses absurdos o início de uma nova relação com a vida.

Repare: todas as vezes que você entrega o seu resultado daquilo (cuidar, fazer, inventar, organizar, elaborar, planejar, executar) que se acostumou a fazer, é bem provável que imagine alguém o observando, aplaudindo, criticando, elogiando, desqualificando, julgando os seus deméritos ou compreendendo as suas limitações. Essa pessoa pode existir na vida real, como um pai, um chefe, uma professora, mas pode ser a soma dos olhares que já lhe influenciou, um mix de referências que lhe compuseram e que provocaram em você um certo nível de ansiedade ou tranquilidade para realizar a expectativa do outro ou transgredi-la. No geral, nessa cultura, o outro sempre quer sentir os seus olhos arregalados e o seu coração surpreendido. O fenômeno da exaustão tem sempre alguém do outro lado fazendo você continuar, persistir e conter os seus direitos mais fundamentais de pausar a rotina. O que lhe transforma em um exausto em potencial é a busca incessante pelo novo like, cada vez mais difícil, complexo e inacessível de ser validado. Ao sinal da menor ausência, o sininho da decepção é ativado, e a ansiedade para produzir se acelera na velocidade da luz.

O trabalho (remunerado ou não, como é o caso das mães, que são as exaustas invisíveis e jamais pagas pelo trabalho ou por suas horas extras, adicional de insalubridade ou periculosidade) é uma das fontes de sentido existencial, pertencimento ao mundo, sobrevivência financeira e, sobretudo, da identidade. Não por acaso, quando alguém se apresenta em um encontro, a primeira pergunta é "Como você se chama?", seguida de "O que você faz?". Numa sociedade tão patriarcal, em que as pessoas ganham poder e passam a demonstrá-lo *também por meio* do trabalho, essa última pergunta é dilacerante para quem está desempregado. Nas últimas décadas, o vejo sobrevivendo como uma formiga operária nos meios de transporte ou a pé, em busca de novas oportunidades. Afinal, tudo está menos garantido, existe muito mais desemprego, a tecnologia ajudou a mudar os setores que contratam e os que demitem. Sentimos que os postos de trabalho podem ser perdidos a qualquer momento, e muitos estão no trabalho informal.

Você não mais obedece simplesmente aos chefes, apertando os parafusos que Charles Chaplin eternizou em seu clássico *Tempos modernos*. Os cartões de ponto são coisa do passado, porque o natural passou a ser ultrapassar os horários de trabalho previamente combinados em contrato, para, inclusive, demonstrar mais profissionalismo e dedicação à tarefa. Você obedece à cultura do desempenho, que lhe pede para estar o tempo inteiro imaginando formas de produzir mais e melhor coisas inéditas e que possam ser vendidas de modo mais original possível. Na verdade, você se transformou no próprio parafuso, sendo apertado (literalmente, ou como dizem na Bahia, *apertando a mente*) pela cultura do desempenho. O parafuso-você está numa esteira, que se desloca não mais em movimento retilíneo, mas na aceleração constante de uma esteira fitness, performando um CrossFit profissional a cada novo projeto. Não tem como esse modelo funcionar bem, porque pressupõe que você não possa cair de susto, cansaço ou equívoco dessa aceleração constante. Quem cai é mais frágil, mais desadaptado "às demandas dos novos tempos", "à vida como ela é". Não por acaso, essas pessoas terminam a queda da esteira em estados depressivos ou ansiosos.

Hoje, é explosiva a quantidade de pessoas que trabalham por conta própria, como operários autônomos de aplicativos ou em iniciativas caseiras de produção de comida, artesanato ou pequenas vendas de garagem. Nessas condições, a figura do "você é o seu algoz" atinge o ápice, pois não existe aqui a figura do chefe que cobra produtividade. Muitos vieram de uma condição de trabalho mais "enobrecido", como os motoristas de aplicativo que trabalhavam em profissões de ensino superior, e por isso mesmo sentem-se diminuídos por uma colocação profissional abaixo de sua qualificação. Assim, uma das formas de construírem autoestima é pela produtividade, pelo nível de renda e pela capacidade de sustentar o mesmo padrão de vida anterior. Está feita a equação perfeita do esgotamento, na qual o novo trabalho precisa ser exercido em jornadas insanas a fim de compensar as perdas de status e de realização pessoal. No fim de algum tempo, estão todos em saturação máxima, desesperados porque não gostam do que fazem e tampouco fazem o que gostam, não desfrutam do prazer de pagar suas contas com facilidade, não têm nenhuma garantia ou estabilidade, e sentem-se em uma engrenagem da qual não podem sair em absoluto, sob pena de perderem o resto de dignidade que lhes resta, caso deixem de prover minimamente o seu sustento.

 Essas pessoas são a maioria das que eu tenho aqui, no alto da montanha. Elas ficam ali atrás daquela colina, porque não querem ser vistas como desesperadas dentre as exaustas. Até aqui, no alto da montanha, percebo como funcionam as hierarquias construídas na sua cultura. As pessoas que você nomeia como bem-sucedidas chegam igualmente estafadas, mas com um sorriso indisfarçável, fruto das compensações egoicas dos aplausos, likes e demais tipos de reconhecimentos presenciais ou virtuais. O que elas conseguem com essas gratificações pouco palpáveis? Sinto que terminaram por criar um tipo de dependência química. Os smartphones apareceram como a grande novidade do milênio, trazendo para a palma da mão tudo o que antes era imóvel (computadores de mesa) ou menos portátil (notebooks). A acessibilidade a tantas formas de comunicação, através dos aplicativos, fez a comunicação ser exponencializada. É possível conversar com centenas de pessoas diferentes por dia, em setores radicalmente separados da sua vida, enquanto você paga boletos, assiste às séries favoritas e pesquisa os seus interesses no novo Deus da humanidade, o Google.

A contemporaneidade ainda ficará conhecida como "A era da desatenção e da desconexão". A quantidade de tarefas sobrepostas e passíveis de serem executadas nos mais diversos horários do dia terminou por retirar qualquer fronteira ou película existente entre o trabalho e a vida privada. Você pode responder a um e-mail (que vai se tornando cada vez mais jurássico) na madrugada, ou até mesmo sentir a necessidade de manter o seu telefone habilitado para despertá-lo durante a madrugada. A quantidade de informações e de pessoas que solicitam "só uma coisinha" transforma tudo em urgência, uma fonte inesgotável de cansaço. Você fica em alerta o tempo todo, não consegue mais desligar, descansar ou pausar. A pausa vai sendo canibalizada. Não há pudor em vender muitos dias de férias para mostrar mais comprometimento com o trabalho. As férias parecem mais supérfluas durante os trinta dias legais de descanso. Não raro, você continua recebendo mensagens da empresa nos grupos virtuais. Não há desconexão. A sua relação com o trabalho transformou-se numa tomada que jamais é desligada. Ao subirem a minha montanha, vejo todos em um curto-circuito, com as emoções em estado de fios desencapados.

Vou ganhando novos nomes à medida que você cria estruturas de vida menos saudáveis. Há uma linha entre o que é considerado "normal" e o que é visto como "patológico", adoecido, que se desloca de um lado para o outro a cada novo tempo, e de forma diferente entre as diversas culturas do planeta. Mas estou tão globalizada, que o termo em inglês *burnout* (combustão completa, em inglês) tomou conta de todos os lugares, assim como: show ou performance. O trabalho virou essa forma de atuação, em que o personagem infalível e indestrutível se mostra e se dispõe a produzir cada vez mais, em busca do aplauso ao final de cada ribalta. Todos são performáticos, deixam de se sentir e passam a operar com as emoções desse papel produtivo incansável. O script do personagem é muito previsível: alguém que acorda cedo, produz, não dorme, tem insônia, transforma a noite em espaço produtivo, toma remédios, se embriaga ou constrói alguma compulsão para dar conta de tudo o que precisa acontecer em sua vida. O resultado na relação com o trabalho é facilmente compreensível: perda da confiança na própria capacidade (pela produtividade em declínio), decrescendo também o propósito ("para que mesmo estou fazendo isto?") e a autoestima.

Não é fácil passar por este mundo sem um pouco de desilusão. Por isso, talvez eu sinta tantos aqui entre a continuidade da entrega da performance e a sombra de uma quase desistência. A saúde mental nunca foi tão relevante no mundo do trabalho. Pensar nela como parte das culturas organizacionais é uma das novidades do milênio. O funcionamento que esgota termina por impulsionar as pessoas para que se afastem do trabalho, e isso faz a conta não fechar nem para quem contrata, nem para o funcionário cheio de culpa e medo de ser dispensado definitivamente. As empresas mais preocupadas genuinamente com seus colaboradores buscam construir alternativas para o dilema produtividade *versus* saúde. Os números continuam sendo os verdadeiros balizadores de desempenho. Neste quesito, a sociedade parece ser eterna. No entanto, como todos estão comigo aqui em cima, dos operários aos CEOs, a perda geral de saúde compromete a funcionalidade de todo o organograma.

O maior desequilíbrio de agora é o disparate entre as exigências do mundo do trabalho e a energia que as pessoas precisam ter para responderem a elas. Como ninguém é esse dínamo eternamente carregável, a bateria vai acabar em um momento qualquer. Geralmente, é nas relações mais íntimas que a falta de energia se manifesta. As vidas familiares e as relações pessoais e o lazer vão ganhando espaços cada vez mais periféricos. O canto da vida é o lugar em que ficam o tempo para os filhos, para a manutenção da relação conjugal, para os amigos e o "nada melhor do que não fazer nada". Rita Lee teria dificuldade em ver "Mania de você" sendo cantada como o retrato do tempo dedicado aos relacionamentos de casal.

Esse fenômeno é tão vasto que pode aplacar professoras, bombeiros, caixas de banco, operadoras de telemarketing, profissionais de saúde e policiais. Todos os que trabalham ajudando alguém, produzindo sob pressão ou com serviços essenciais, estão na beira da zona do risco. No entanto, a sociedade do desempenho está tão eficiente em espalhar essa cultura pelos cantos mais inimagináveis, que não há mais "ocupações de risco". Sou uma das marcas mais fortes desse século que mal começou, assim como os meios de transporte e de comunicação deixaram parte da assinatura do século passado.

Quero lhe falar sobre algo que está no meu braço. Sou uma velha senhora, mas tenho lá os meus caprichos estéticos. Sou adaptável e quero falar a linguagem do seu tempo. Por isso, aqui, no meu antebraço inteiro está escrito: engajamento. Essa palavra me seduziu, e me fez inebriar de poder. De tão egoica que fiquei, terminei gravando na ação que impulsiona pessoas de sua cultura a subir a minha montanha. Você também se confunde com essa palavra, pois ela soa bem, é bonita, tem uma estética peculiar, um significado nobre e que remete à responsabilidade e à ética que seus pais lhe ensinaram. Essa palavra fala o idioma das redes sociais, das novas empresas em que seus "funcionários" também estão desgastados, imersos numa velocidade de produção de conteúdo que também faz deles parafusos virtuais apertados pela voracidade dos algoritmos.

Mas essa tatuagem vai desaparecer em breve. Agora que desabafei e contei o que tenho visto, aproveito para revelar que o antigo "engajamento" que me inebriava vai ser coberto por um desenho. Algo que represente o que quero para você, algo que não diga palavra alguma, mas que trace uma linha em direção à esperança. Porque não vim até aqui somente para emendar tantas palavras em diagnósticos sombrios a seu respeito. Sou suficientemente pragmática para obrigar-me a refletir nas direções que você pode tomar para transformar, ainda que parcialmente, esse estado das coisas. Tome aqui as minhas mãos. Melhor, vou abraçá-lo. Imagino o quanto você se assustou com tudo o que eu lhe contei. Não há coração que não se descompasse ao perceber tantos níveis de problemas com saídas aparentemente impossíveis. Calma. Eu sinto o seu abraço fugidio, assombrado, e a sensação de choro. Chore, se for o caso. Deixe cair a lágrima que molha a angústia e termina por esvaziar um pouco o copo da ansiedade. Vamos continuar conversando. Vou lhe chamar para desenharmos juntos a figura de um pulmão, em que os alvéolos são brotos de flores. É preciso paz para poder florir. É preciso ar para se reinventar. Aos poucos, entre seus respiros e nossos abraços, vamos desenhando pulmões e saídas para tantos corredores estreitos. Vamos, juntos, quebrar as paredes rígidas que eu terminei fazendo você acreditar que eram as molduras da vida. Eu quero me retratar com você. Eu não nasci para ser o símbolo do sucesso. Decidi ser, ao seu lado, a melodia do seu retorno ao melhor de si, em que você poderá pelo menos minimizar os efeitos de um tempo tão demandante. Juntos, vamos reinventar o que você chamou de promessa de futuro. Chico Buarque, aquele que fez canções para terminar melhor qualquer texto, é quem me ensinou: como tatuagem, quero te dar coragem para seguir viagem.

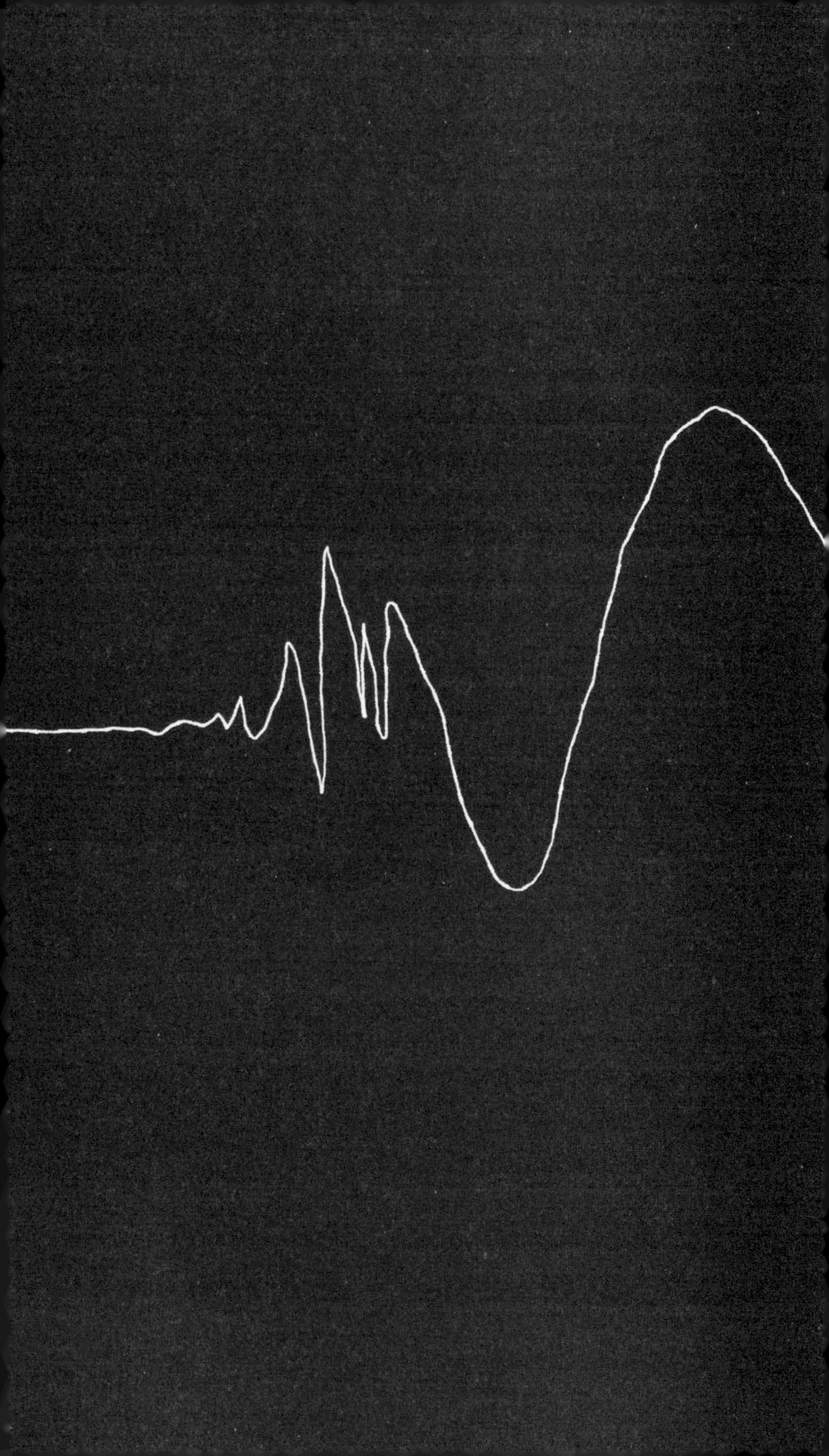

4. A SUA VIDA NÃO É ASSIM, ELA ESTÁ ASSIM

A maior característica

do tempo é o movimento. Ele se esgueira pelos seus dias fazendo farra, deixando choro, botando medo, e todas essas manifestações do tempo são drásticas de tão finitas. Você vai assim, vivendo o tempo como quem soubesse do que ele é feito, como quem entendesse para onde ele vai. De tanto desentender o tempo, você constrói uma ficção na qual ele é controlável de acordo com as suas premissas, obedecendo aos seus desejos. Inventa que pode colocar um cabresto no tempo e fazer dele o seu servo. Aí ele vem e mostra que não é domável, que ele é o dono de si. O tempo é tão incontrolável que você precisa ver as horas caminhando nos ponteiros do relógio para aprender que ele não para nunca, continua a sua expedição em velocidade constante em busca do próximo número doze.

Talvez por não conseguir controlá-lo, talvez por querer vencer a máxima lei da vida, que é a certeza da morte, você começa a pensar que tem características inabaláveis. Quando um bebê nasce, é um derretimento dos sorrisos à volta, é a vida se afirmando como possível em qualquer tempo caótico ou idílico. Vejo você, vou afirmar isso durante toda esta escrita, estou aqui em cima observando como você leva a vida. Quando você toma um recém-nascido nos braços, faz dele uma coleção de lembretes de partes dos seus amores antigos, dos ancestrais familiares: "É a cara do pai. O nariz é da tia materna. Ele faz manha como a mãe, vai ser preguiçoso...". Veja como parecem ser as coisas, você não deixa as pessoas simplesmente acontecerem. É inevitável que você imprima sobre os bebês, desde o dia primeiro, os adjetivos ou substantivos que fixam e rotulam quem ele poderá ser. As histórias contadas de uns sobre os outros podem ser muito lindas e potentes, mas o cuidado é para que elas não carreguem tanta projeção de quem aquele personagem precisa ou merece ser. Desde a primeira infância, há a intenção de definir quem a pessoa é, como uma marca que a identifica de forma simplista.

Ninguém é. Ninguém é tão redutível a adjetivos, apelidos, ou até mesmo a poucas histórias. Os seres humanos são seres de muitas histórias, de infinitas possibilidades narrativas. Não há limite para a capacidade de recontar histórias sobre uma mesma cena, sobre uma mesma característica, sobre uma tendência de alguém, sobre um potencial ou sobre uma limitação. Ao darmos muita ênfase às limitações humanas, terminamos por desenhar uma história de déficit, compondo um cenário em que as pessoas não podem, não são capazes, não têm a permissão e, lamentavelmente, podem até chegar a acreditar no que o mundo diz sobre elas. Quando você dá ênfase somente aos potenciais, sem evocar as limitações naturais de qualquer existência, pode formar pessoas superprotegidas, intolerantes à frustração, mimadas e acreditando que são cheias de direitos e que o mundo lhes deve obediência e reparação. Ninguém é só limitação, ninguém é só potencial. Há uma amálgama entre essas duas palavras, e ela se chama humanidade. Por isso é tão difícil se definir, escolher caminhos, porque ao mesmo tempo precisam olhar para o que lhes abre portas, ou para o que lhes restringe caminhos. Escolher é renunciar a portas abertas, mantendo a dúvida e a pergunta de como seria a vida caso o caminho tomado tivesse sido outro. Mas essa renúncia não é definitiva, assim como qualquer escolha. A única coisa definitiva no ato de viver é a certeza de que sempre haverá o contraste entre esses dois lados opostos, num paradoxo que se marca como incômodo, que se tenta evitar a qualquer custo, mas que a maturidade convoca a assumir como realidade inescapável.

Não há vida definitiva. Não há escolha irremediável. Os casamentos podem ser desfeitos, e mesmo que não os sejam em tese, os amantes são o movimento incômodo que os porões dos matrimônios contêm como contradição e tensão permanente e silenciosa. Os trabalhos vão e vêm, as demissões voluntárias ou recebidas como espanto mostram que nada é definitivo. Aquilo que você sempre gostou de fazer de repente já não lhe agrada mais da mesma forma. Hoje, as pessoas que fizeram parte de sua vida e que lhe aportavam tanto sentido nessa trajetória são uma sombra, já não dialogam minimamente com quem você se tornou. Dez anos atrás, você gostava daquela banda; hoje, as músicas lhe parecem pueris demais para que sejam escutadas. Antes de a doença crônica aparecer como marcador indesejável de sua vida, você se permitia exagerar mais. Depois da faculdade, você não conseguiu mais ir à Igreja. Tudo é temporário demais.

Lulu Santos e Nelson Motta deixaram um legado brilhante para o Brasil, na forma de uma canção lindíssima, por tão suave em sua simplicidade de cantar o irrefreável caminho do tempo. Mas não se engane: ela é profunda, contundente se a escutar com o coração consciente dessa temporalidade tão interminável de tudo na vida. A canção se chama "Como uma onda", e nela eles dizem: "Nada do que foi será/ De novo do jeito que já foi um dia/ Tudo passa, tudo sempre passará.../ A vida vem em ondas como um mar/ Num indo e vindo infinito". O mar aqui é a melhor ilustração na natureza sobre o que digo: são águas que não cansam de ir e vir, que nunca se conformam em simplesmente chegar e ser; o mar é sempre um instante que se faz e se desfaz, um futuro que logo termina, um passado que se estabelece em um segundo apenas. E assim, como uma onda do mar, é a vida. Continuam Lulu e Nelsinho: "Tudo o que se vê não é igual ao que a gente viu há um segundo/ Tudo muda o tempo todo no mundo". O seu olhar não é capaz de capturar tudo o que está presente na paisagem do entorno. Quando o olho seleciona algo para ver, não se engane: você vê apenas algumas coisas do que vê de fato. Elas já mudaram de lugar. O que você viu já está diferente, porque o tempo operou sua passagem por aquela folha de árvore, por aquele vento que não está mais tocando no seu rosto, por aquela lágrima que chorava um sentimento que agora já é outro. Tudo o que se vê não é igual ao que se viu há um segundo. Tudo é impermanente, mutável, absoluto e irritantemente temporário.

Manter-se vivo diante da instabilidade da vida é um desafio eterno. Para isso, há que se escolher uma posição na existência que não comporta rigidezes. O problema é que nos ensinam o contrário: as pessoas mais sábias já sabem, já entenderam tudo, têm opiniões imutáveis. Tenho compaixão com essa percepção que você criou, porque há uma perda enorme de vida em quem não consegue se deixar fluir, no leito do rio do tempo. A rigidez de ter que acreditar em algo e não poder mudar de opinião é uma das prisões que você inventou para si, e estou aqui agora lhe dizendo que há uma chave possível para essa carceragem autoimposta. Não se iluda, porque nenhuma mudança humana se dá com facilidade. Sair de histórias incrustadas dá trabalho. Mudar uma cultura é uma viagem que, a pé, tem o valor de uma jornada. O que posso garantir é que, para além de qualquer esforço, alcançar uma vida mais autêntica e carregada de sentido pode valer muito o suor e as lágrimas, pois gargalhadas no meio da caminhada vão acontecer. Existe tempo de rir de si mesmo enquanto se vê no espelho rígido, tentando fazer a vida fluir melhor. O ridículo serve para oxigenar a intenção de seguir adiante. Ria de si mesmo, convide a leveza para chegar junto sempre que tudo estiver muito pesado. Se você não conseguir fazer isso por si só, imagine com quem essa conversa poderia acontecer. Compartilhar ridículos é um ato de libertação poucas vezes tentado por muitos. É por isso que você fica mais apedrejado por dentro: porque não usa a gargalhada como instrumento de encontro consigo mesmo. Rir de si não é degradar-se, não é humilhar-se. É encontrar espaço para escutar a própria história em seus tropeços, sendo ao mesmo tempo o palhaço e a criança que dele ri com a pipoca nas mãos.

    Abraçar a vida como algo que muda o tempo todo no mundo é começar a pensar no que lhe causo. Você não vive a exaustão como um desígnio permanente, porque, veja, nem eu sou permanente. Me incluo em tudo o que Lulu e Nelsinho cantaram em sua música. Pensar é uma escolha que se faz no mesmo fluxo de ir e vir em tentativas e erros, em dúvidas e acertos, em vitórias retumbantes e fracassos redentores. Pense diferente, só por um tempo suficiente para você se imaginar em um "como se". Como seria a sua capacidade de inventar futuros se você se permitisse pensar nas coisas de modo menos definitivo? O que poderia deixar de ser e de acontecer se fosse possível a você pensar de forma diferente, e assumir essa mudança de opinião em voz alta? Qual o tempo entre o seu pensamento e a ação para a mudança? Tenho certeza de que você precisa de um tempo significativo, porque as grandes decisões passam por uma maturação que é mesmo uma maratona de mãos dadas com a dúvida. É preciso duvidar de tudo o que se pensa para conseguir chegar a uma decisão não impulsiva, mas sem esquecer de que sentir é parte de qualquer decisão. Talvez parte da sua exaustão seja acreditar que a melhor decisão seja tomada se afastando dos sentimentos, e que a racionalidade pura e asséptica é o caminho do bom êxito...

Não estou aqui para lhe dar certeza alguma, porque nem acredito nessas certezas quando vindas de fora para dentro. Vim para conversar com você, e o diálogo é a única forma de colocar nas palavras os prós e os contras, os "talvezes" e os quem sabe... nesta conversa estranha, comigo aqui no alto da montanha, vendo você aí em baixo levando a sua vida como pode e consegue. Quero mesmo perturbar o que você acredita ser imutável. Não existo no mundo para você me celebrar; eu vim para perturbar a sua jornada. Existo para que você entenda que há algo errado que pode ser transformado. Sei que o mundo está fazendo tudo acontecer mais acelerado, que o sistema todo está funcionando para que você trabalhe mais, com mais foco, desejo de produtividade crescente e preciosismo perfeccionista como a maior das metas. Isso veio antes de você, está estruturado como a regra de um jogo muito maior. Mas não significa que o seu lugar tenha de ser passivo. O sistema pode ser como ele quiser, ele dá as regras dele porque detém o poder. Mas há algo em você que é maior do que qualquer regra, que é a sua capacidade de transgredir. A alma humana é transgressora por natureza. O rabino e escritor Nilton Bonder, em seu genial ensaio *A alma imoral*, diz que somos herdeiros da maior das transgressões, o encontro de Adão e Eva. A leitura moralista desse mito é vê-lo como pecado; a leitura libertária é vê-lo como um descumprimento autônomo necessário à boa vida. A transgressão das regras é o que nos dá algum alento particular para a experiência da vida. Como a sua mãe sempre lhe disse, e ela estava coberta de razão: "Você não é todo mundo". Em que aspectos da sua vida você não quer ser todo mundo? Em quais decisões você não se permitiu ser você, e se afundou nas águas do que diziam para você ser? Mergulhar nas águas impostas pelo outro é, tantas vezes, o motivo de nos afogarmos em desilusões com a vida. Se formos honestos em alto grau, perceberemos que a desilusão é conosco mesmos. Nós fomos os autores da decisão de acompanhar o "todo mundo", fazendo "como tem que ser", "como me disseram que deveria fazer", "como minha família costuma ser", "como Deus quer".

A vida é movimento. O tempo é movimento. E sempre que você estiver inerte, não por uma opção de simplesmente parar um pouco, mas por catatonia, por espanto, por não conseguir se ver caminhando em direção alguma, algo está muito fora da sua ordem. É hora de aproveitar esse silêncio incômodo para não se anestesiar com nada – nem com comida, nem com droga, nem com trabalho, sobretudo. Incômodos são uma espécie de porta de entrada para a antessala da vida nova. A anestesia fecha essa porta, e chama para acontecer de novo e de novo a mesma história de sempre. Anestesiar-se é fazer acontecer, como uma decisão, e não como um destino, um encapsulamento numa mesma história repetitiva. Por isso, não adiantam essas frases motivacionais sobre "acreditar que pode ser diferente", que lotam aos borbotões os "cartões de bom-dia" nos grupos da família. Acreditar é filho do caminhar. Não há crença nova naquilo que está como água parada da vida. Se o seu incômodo não lhe permite caminhar ainda, busque ajuda, lembre-se de que as trilhas ecológicas mais desafiadoras são feitas sob a companhia dos guias, que podem inclusive lhe auxiliar a tomar escolhas mais acertadas para os caminhos que você pretende seguir. Com as trilhas tortuosas da natureza humana acontece o mesmo; e os guias são os terapeutas, analistas, filósofos e artistas que caminham com você pelos itinerários das perguntas que não conseguem ser respondidas com frases feitas pelos outros. A autoria é a arte de completar o texto da própria vida com a caneta que você escolheu, com a letra que sai do seu punho e com o texto que você quer, de fato, escrever. Para uma escrita autoral, o tempo é seu companheiro, e espera, inclusive, que você se debruce sobre suas incertezas.

A eternidade dos sonhos é um fio que pode se romper a qualquer momento. E os pesadelos que alguém lhe ensinou a chamar de "a vida é assim mesmo" seguem a mesmíssima regra. Tudo que se vê não é igual ao que a gente viu há um segundo. Caminhando e cantando, é possível fazer o que parecia ser eterno virar efêmero. As pedras são dilapidadas pelo tempo, os rios secam e voltam a brotar. Os humanos são como as flores do cerrado, brotam depois da queimada porque não acreditam no fogo como marca da morte definitiva. Há espaço para esboçar e arquitetar alternativas melhores, mais ajustadas ao que você, e somente você, quer para si. Não há regra imposta por nenhuma autoridade magna – nem sua família, nem a sociedade, nem o emprego, nem a cultura, nem a Igreja ou eu, sua Exaustão – que seja um impedimento eternizado para sua realização. O mundo é seu, mas não totalmente, claro. Há limites para qualquer vida acontecer, e são nessas frestas possíveis que você pode alavancar o sentido que está prestes a descobrir para a parte da vida que ainda nem começou a acontecer. A sua biografia não é um adjetivo estático, porque estar no mundo é permanecer em desenvolvimento contínuo, de forma sempre transitória. Vá viver a sua próxima vida nesta vida. Eu estarei aqui do alto, aplaudindo cada passo seu nessa caminhada sem certezas, com tombos que não merecem definir a desistência, e com a beleza de poder recomeçar sempre, como uma onda no mar.

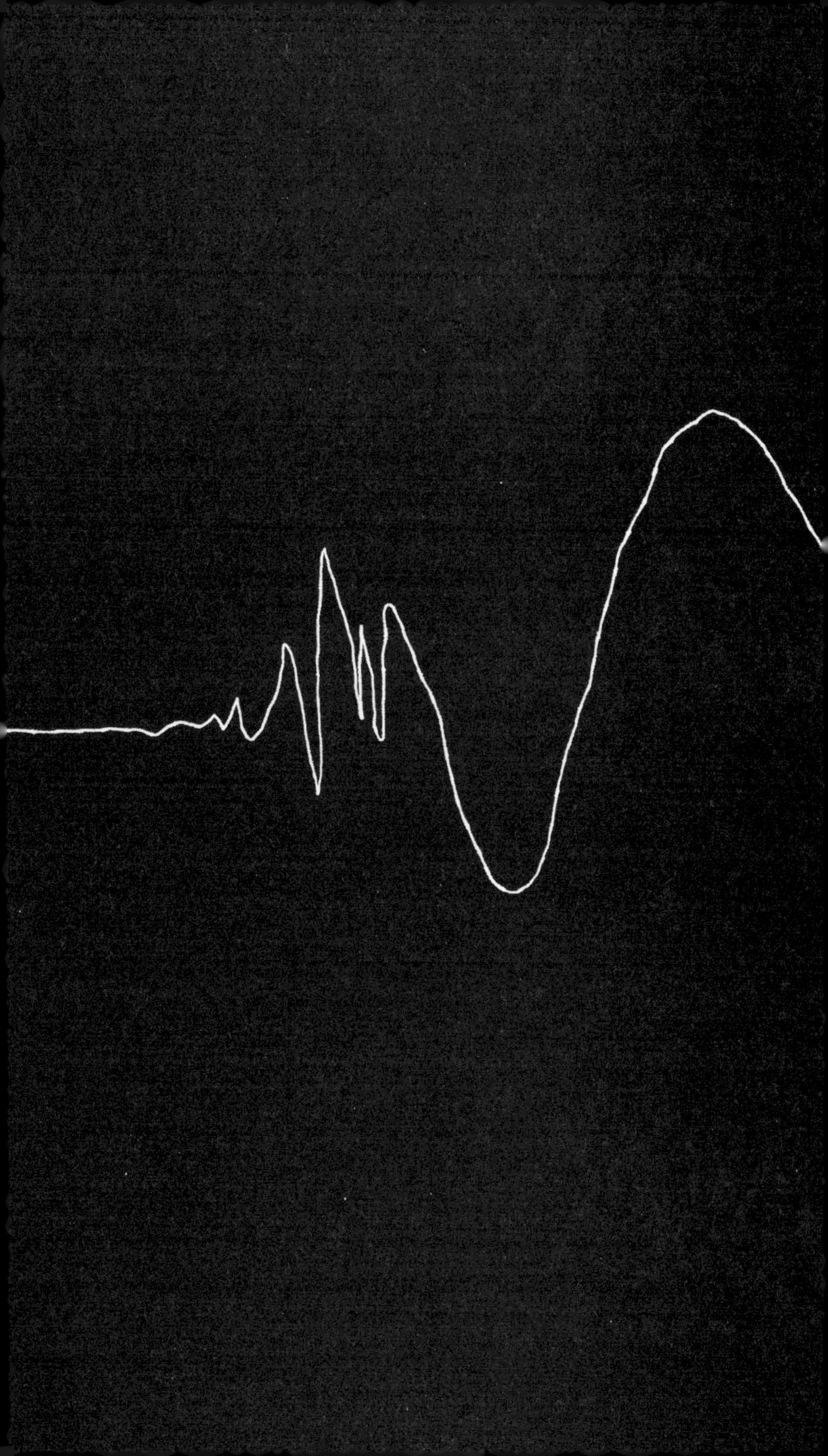

5. A MELHOR MANEIRA DE TRANSFORMAR A SUA VIDA É VÊ-LA COM OUTROS OLHOS

De uns tempos para cá,

vejo vocês segurando telas com as mãos, afastando-as levemente para buscar um enquadramento diferente para a foto ou vídeo. Vocês devem se recordar de que há muito pouco tempo as coisas funcionam dessa forma. No século passado, ainda tão recente, as máquinas fotográficas tinham rolos de filmes de uma, duas ou três dúzias, e exigiam do fotógrafo mais seletividade para escolher o momento de fazer o clique. Não eram infinitas as possibilidades de produção de fotos, porque os custos envolviam comprar o filme e revelá-lo, coisa que pedia do fotógrafo e dos fotografados pequenas porções de paciência com a expectativa do retorno do envelope da loja de revelação. Perceba que há uma experiência muito diferente entre ter de pensar se é o melhor momento e cenário para a foto acontecer, porque o rolo de filme comporta poucas alternativas de retrato. Quando a quantidade de experiências é limitada, há que se pensar melhor sobre aquilo que se renuncia e aquilo que se escolhe. Quando o tempo precisa transcorrer para que o resultado seja sentido, há um jogo diferente na emoção pela espera. A mudança de perspectiva na forma de se tirar uma foto e na rapidez com que se vê o resultado é mais uma amostra de como mudou a relação com o olhar sobre a vida.

Hoje, quantas vezes você pode tirar uma foto de si ou dos outros? Em quantos cenários o mesmo sorriso se manifesta diante de uma selfie individual ou em abraços com as pessoas queridas? Mas será que o sorriso é o mesmo, e só muda o fundo? O que se captura de cada alma em cada foto? Não quero falar aqui da imensa fogueira de vaidades que assola os dias das pessoas, insanas por holofotes de si nas redes sociais. Isso é importantíssimo também como tema para esse momento humano, mas não é o nosso foco. Veja, até aqui estou usando essa palavra: para uma conversa, um foco, uma escolha do tema e do argumento. A renúncia é um ato inequívoco em toda comunicação, eu escolho o que dizer e abandono tantas outras palavras que poderiam ter sido ditas. O foco da nossa conversa aqui é: quantas imagens suas estão salvas na sua nuvem ou no rolo de fotos da câmera? Intuo que qualquer pessoa com um smartphone nas mãos possa se ver diante de centenas de situações, companhias e sentimentos possíveis.

É dessa multiplicidade de pessoas dentro da mesma pessoa que me interessa falar. Porque um dos suspiros para suas exaustões está no reconhecimento de suas infinitas formas de existir dentro de uma mesma vida.

    O paradoxo que pode parecer a maior das estranhezas é: você é a mesma pessoa em todas essas fotos; contudo, elas salientam que há partes suas mais ou menos frequentes. Se você pudesse selecionar as suas fotos com um filtro que escolhesse versões da sua identidade, pedaços de você que mais se expressam na vida, que pedaços seriam esses? Talvez a vida profissional, talvez a companhia de uma determinada turma de amigos, talvez o prazer de fotografar na natureza, talvez os momentos em que você sorria. Quero lhe convidar para pensar em outras situações da vida que não puderam ser retratadas, ou que não receberam a mesma atenção que aquelas contidas em dezenas de imagens. Houve momentos em que você esteve em silêncio, em que a tristeza o invadiu, em que a dúvida lhe trouxe perguntas avassaladoras. Houve momentos em que você não se permitiu continuar sentindo, em que você invadiu seus pensamentos com alguma distração feliz para evitar que a dor continuasse lhe importunando. Houve momentos em que você teve vergonha de si, e jamais mostraria em uma foto aquilo que pensou, sentiu ou fez. Há um feitio estranho de escolher o que mostrar e o que esconder. Mesmo que as fotos hoje não passem pelo processo manual de revelação de antigamente, elas continuam revelando algo sobre você. O que as fotos revelam e o que elas escondem sobre quem você quer ser? Se você pudesse contar uma história sobre a sua vida a partir das fotos que tirou, essa história estaria mais próxima ou mais distante de como você se vê?

É necessário todo o tempo de uma biografia humana para aprender a se ver. Em cada fase, há descobertas sobre si e sobre o mundo, sobre como se sente e de como os outros lhe veem. Um bebê começa a descobrir que é visto e que escolhe o que quer ver quando brinca de se esconder na cortina, percebendo inclusive que nada na vida é definitivo, e que tudo pode desaparecer num instante. A criança pede ao adulto para acompanhar tudo o que faz, e a partir desses olhares vai começando a entender quem é. Os outros vão ajudando (e atrapalhando, claro) a entender quem cada pessoa é. E a cada instante há a possibilidade, desde bebê, desde o primeiro dia, de se dizer ao mundo: "Eu não sou esta pessoa. Não é isso que eu quero da vida". A mãe sente frio e coloca a blusa no bebê de dois meses, mas ele chora e não quer tanto pano protegendo sua pele. O choro do bebê é também o seu grito de autonomia, que vai se desenhando aos poucos, entre solavancos e maravilhas. Cada família, escola, grupo de amigos ou sociedade vai dizendo quais partes suas são aceitas e quais são criticáveis. Cabe a você definir o que faz com esses aplausos ou essas críticas – autonomia é isso, é a escolha eterna entre o que fazer com o diálogo entre o que você quer e o que os outros querem de você. Não há respostas definitivas, tampouco fáceis para esse embate. Em muitos momentos mais simples, sua voz interna coincide com o que a cultura acha de bom tom que você seja. Em tantos outros, as suas vontades o encaminham para outra direção – e, caso você faça a escolha de seguir no rumo do que quer, terá de fazê-lo apesar e além das opiniões contrárias. Nesses casos, a aceitação chega depois que você fez tudo acontecer, e não antes, como você gostaria. Muitas pessoas sofrem da solidão nos momentos de iniciar uma fase em que os outros depreciam ou de que duvidam. Algumas histórias da sua vida só receberam os mais sonoros "parabéns" depois que você as realizou, com toda a sua garra. A raiva pode aparecer em você quando receber esses abraços, significando a indignação pela trajetória inteira sem o apoio alheio. E, num outro futuro, pode ser que esse abraço seja diferente, com a outra parte considerando que você tinha mesmo razão por seguir aquele caminho. Não há segredo nisso, o futuro autônomo é escrito em tons agridoces, há que se ter a vontade de mudar considerando que a falta da companhia durante a travessia é parte incontornável de algumas das novas histórias.

    Mas como ter ânimo para prosseguir, diante da falta de parceria daqueles que você imaginava imprescindíveis ao seu caminho? É uma espécie de exclusão autoimposta: tenho de escolher entre a minha autonomia e a presença de quem sempre foi importante para mim? Sim, em parte sim. Mas em parte essa ausência pode ser temporal. Algumas pessoas precisam de tempo para verem você se realizando, até que entendam a função daquilo para você, mesmo sem aceitar o que está fazendo como a melhor alternativa para a sua vida. Durante o tempo sem esse apoio, busque outros, interceda ativamente pela sustentação daquilo que você acredita. O que eu preciso fazer para dar mais valor às falas que me apoiam, mas que não vêm das pessoas que gostaria que me dessem o suporte? À medida que a alteração do seu olhar para a vida vai se concretizando, é natural que as pessoas que fazem parte do apoio que você recebe ganhem outros contornos. Há aquele tipo de presença que estará sempre ali, envelhecendo bem, amparando você com diálogos que conseguem aportar alguma diferença. E sempre haverá gente nova, rimando com o futuro que está sempre sendo construído pelas suas mãos.

As suas mãos constroem os futuros que elas conseguem enxergar, assumir e continuar firme naquele feitio. As suas mãos tomam a câmera do celular como quem toma a própria vida: ao enfocarem uma paisagem ou uma pessoa, ficam várias outras para fora do enquadramento. Suas mãos que fazem futuros escolhem o tempo inteiro quais futuros estão sendo arquitetados. Quando você é pura exaustão, o que acontece é que a paisagem para fora da câmera fica gris, desfocada ou até mesmo invisível. Funciono como um colírio sombrio para os olhos de esperançar. Minha aproximação vai desenhando esfumaçamentos nos seus desejos, na sua criatividade, na sua capacidade de imaginar a vida sendo diferente. Mas não se iluda, jamais tomo a câmera da sua vida em minhas mãos. As mãos que sustentam o instrumento de captura do mundo continuam sendo as suas. Está com você, e sempre esteve e estará, a autoria definitiva de tudo. Não há mudança nisso, e escolher talvez seja a única certeza que você possa assumir como indelével. Se tudo pode desmoronar de repente, a única autonomia eterna é a de renunciar a tantas coisas para, com angústia (sempre ela!), poder escolher uma.

Desde que você começou a me sentir por perto, que cenários se invisibilizaram para fora da sua câmera que mira o futuro? Consegue perceber a partir de quando você deixou de ver a própria vida como uma possibilidade de mudança contínua? Sente o quanto têm feito parte da sua retórica as frases "isso não tem jeito", "a vida é mesmo assim", "para mim não tem outra saída, porque não posso abrir mão disso ou daquilo"? Sem que você perceba, sem que possa ter se dado conta, a desesperança veio ganhando espaço. Esta sou eu. Sou a mãe da Desesperança. Sou quem a traz para perto. Ela vem de mãos dadas comigo, como uma filha triste que se assenta ao lado das pessoas e faz desaparecer a amplitude do olhar para a vida. A Desesperança é a forma que o coração exausto vai encontrando para caber dentro do que a câmera consegue enquadrar. A câmera, que estava em suas mãos livres, vai ficando numa espécie de tripé, que aparenta ter sido cimentado naquele ponto da sua linha do tempo para lhe provar que a sua única forma de vida é esta. E, assim, você passa a ser uma espécie de argila que desacredita de qualquer figura em que possa se transformar.

Retire a câmera desse tripé. A sua imaginação é mais importante neste momento do que qualquer conhecimento. E quem me ensinou isso foi Albert Einstein. A cena que está enquadrada representando a sua vida é apenas uma maneira de você poder estar vivo. Há inúmeras outras, dentro das limitações que são intransponíveis no seu contexto. Mas eu lhe garanto que a sua vida ao meu lado está transformando a quantidade de elementos de sua vida que você traz como impossíveis de serem revistos. Eu escrevo ficções sombrias no seu olhar. E aqui está o autor delas para lhe relembrar, não acredite na verdade absoluta dessas sentenças, elas são a dramaturgia que você conta sobre você, como se a sua história fosse a de uma personagem perdida num túnel estreito, sem portas ou janelas, tendo somente o caminho único para percorrer. Chimamanda Adichie é a pessoa que me ensinou a temer e renegar a vida como história única.

Vamos imaginar juntos, aqui, quebrando as paredes desse túnel aprisionante. Eu lhe vejo como você é, não como você se mostra. Que partes suas ficam ocultas, subtraídas de si, quando você decide o que mostrar ao mundo? Essas partes escondidas de você podem revelar gostos, hobbies, desejos pouco ortodoxos, criações que você pode reputar como "loucas", ousadias que não lhe foram possíveis porque a tesoura da sua censura interna já lhe podou antes de elas existirem e resistirem. Pode ser que você esteja há tanto tempo separado dessas suas partes, que nem sequer se vê colado nelas, vivendo-as e colocando-as para tomar um sol. É desse mofo interno que estou lhe alertando. Pode haver bolor no que é mais precioso em você, e que está sedento por aparecer no mundo. "Que nada, eu não sou esta pessoa, não tenho nada de mais, sou alguém muito sem graça e sem nenhuma coisa tão especial assim." É isso o que esse mundo estranho faz com a unicidade do humano. Cada pessoa foi talhada com uma digital singular, e o desígnio da alma é alçar o voo mais expansivo que ela conseguir fazer com seus desejos. E aí vêm juntos: a família, a cultura, a religião, os amigos, as culpas, os medos e as tristezas juntas, fazendo um coro de "deixa disso, melhor você levar essa vida aí, porque é o que você tem para hoje".

Pode ser. Pode ser que hoje seja o que lhe seja minimamente palatável, inclusive por causa de sua exaustão. Mas, enquanto você vai se libertando dos pensamentos mais enraizados na imobilidade, é possível sonhar com um passo a mais de movimento. Vida é movimento. E o movimento é a dança da criatividade, da inovação da própria história, da atualização do percurso da pessoa que você vai se tornando. Não há história única, não há caminho definitivo; há várias vidas em uma vida. E as novas vidas somente se disponibilizam para aparecer na lente de sua câmera quando você resolve retirá-la do tripé, com as mesmas mãos que a encaixaram ali.

Tome de volta as cenas que não foram vividas, porque você não pôde, não conseguiu ou não se deu liberdade para tanto. É hora de falar o que elas têm de potencial para produzir novas versões mais empoderadas da sua capacidade de viver. Se eu tivesse trocado de emprego àquela época, o que teria sentido sobre a minha capacidade de lidar com o imprevisível? Se eu lançar este projeto que tanto anseio, que tipos de escolhas passarei a fazer tendo em vista a transformação de minha autoimagem? Como meu futuro pode ter a esperança de acontecer de forma diversa, tendo em vista novas escolhas que faço no aqui e no agora?

Veja, não há portas fechadas completamente em nenhuma fase da vida. Mesmo diante dos eventos mais traumáticos e mais devastadores que eu pareço mandar para a sua vida, há como trazer novas paisagens para habitarem temporariamente a câmera dos seus sonhos de vida. A vida não está posta, você não é único; a sua multiplicidade dialoga incessantemente com a quantidade de caminhos que podem ser tomados. No meio dos seus silêncios existe a semeadura não irrigada de partes suas que não conhecem a luz. Metade de você é Exaustão, e a outra metade é o que ela não pode ocupar. A Exaustão não é vencida pelo descanso, mas pela reinvenção.

6. APRENDER A RECONEXÃO CONSIGO MESMO

Nesta longa conversa,

espero que você esteja se dando mais tempo do que o habitual para escutar o que lhe promovo de questionamentos. Permita-se viver uma fenda no tempo, em que haja a permissão para que as coisas entrem em sua vida em três momentos: a hora de conhecê-las, o instante de escutar o barulho que elas lhe causam, e o belo momento de aprender com esses barulhos e as suas novas perguntas. Essa forma de vida acelerada provocou a morte das pausas, dos vazios e de muitos silêncios, e tanta rapidez para aprender pode lhe transformar em um ignorante bem vivido, que muito percorre, mas pouco caminha. Não passe muito rapidamente por nenhum ponto em que você mereça estar, porque a estrada do conhecimento sobre si é para ser degustada aos poucos, como um néctar desconhecido que pode espantar, seduzir e inebriar ao mesmo tempo. Assim são as melhores partes da vida, agridoces no início e profundas em seus significados, marcantes em absoluto e desejosas de fazer-lhe sentido.

Todas essas pessoas aqui decaídas de cansaço aos meus pés fizeram uma trajetória semelhante: subiram repetidamente a mesma montanha, porque acreditavam ser seu único caminho, e elas não agiram diante desses alpinismos reiterados com perguntas suficientemente inquietantes. Impressionante como você pode sucumbir à minha presença, dando-me o poder de sugar-lhe a curiosidade, a inquietação, a crítica e a transgressão para ousar outras formas de vida. Sou a compressão de sua criatividade, do ato sanguíneo de seus destemperos saudáveis que se irrita com o cansaço sem sentido. Ao invés de deixar de ver sentido em mim, o que seria mais lógico, você me normaliza e desloca essa perda de propósito para a sua vida, para os dias, a profissão, a maternidade, os afetos. Desaprenda a pensar assim. É hora de deixar de arar a terra dos seus pensamentos de um jeito tão torto.

Aprender é um verbo que, paradoxalmente, contém "prender" em seu interior. É uma palavra que indica liberdade em duplo sentido. Aprender é deixar para trás as prisões da ingenuidade, da inconsciência, da cegueira ou da negligência. Aquilo que servia anteriormente de margem e beiral para seus pensamentos e sentimentos deixa de ter significado. Não se prende um aprendiz, porque o próprio ato de expandir a consciência faz ruir os tetos que a comprimem. Você deixou de aprender com as várias subidas à Montanha da Exaustão? Por que acha que essas dores que você sente não lhe mobilizam mais como antes? O que terá acontecido com as suas vontades, os seus desejos e as suas necessidades?

Em uma palavra, eu lhe respondo: viraram silêncio. O silêncio chegou como tampão dos incômodos, levado pela necessidade de você continuar se provando inesgotável, sempre à procura da próxima meta mais desafiadora do que a anterior. Você comprou mesmo a ideia de que somente seria uma boa pessoa com uma biografia bem-sucedida, se a cada novo instante se provasse mais hábil, mais ousado, mais criativo e mais produtivo. E, por isso, deixou de sentir. Quando a vida passa a entrar pela porta da velocidade alucinante, o sentir da alma sai pela janela. A alma se demite dessa habitação em que ela não pode ter conversas com os seus momentos de descuido, de pausas leves e ócios capadócios. Aí o silêncio, que poderia ser lúdico e pleno de beleza, passa a ser um sintoma. Você cala as suas vontades que não podem ser realizadas, porque você aprendeu que a vida corrida as impede de acontecer, e que não há outra alternativa senão viver daquela maneira. Você desiste de uma parte de si mesmo, a alma desiste de uma parte de você, e o silêncio impera como a ausência da autocrítica indignada que poderia lhe salvar desse descalabro.

Entretanto, há caminhos para você percorrer, em que a alma seja reencontrada em sua inteireza, reabastecendo assim os seus vazios de um tanto de sentido. A alma quer voltar, e você tampouco deseja esse nível de distanciamento social daquilo que lhe compõe tão indistintamente. Vejo seu esforço, porque por um lado você vive esta vida exaustiva; por outro, há a consciência de que algo precisa ser alterado urgentemente. Contudo, temo por suas voltas em círculos, que mais lhe exaurem e menos lhe reinventam.

A vida precisa ser encantada, senão não vale a pena ser vivida, e o encantamento está na condição de aprendiz de si. Mas um aprendizado de mente, corpo, alma, emoções, intuição e espírito. Se você acha que são partes demais para serem aprendidas de uma vez, não se assuste. Esse é apenas um spoiler da linha de resgate. As perdas desse processo todo de desconexão consigo se refazem a partir do momento em que você se autoriza a pensar na vida em sua inteireza. Não deixe nenhuma migalha de existência para fora, permita-se querer como se não houvesse limite para o desejo humano. Imagine-se dono de um sonho com o poder supremo de transmutar-se em realidade. Se você fosse expulso da Montanha da Exaustão, de volta a uma nova vida completamente diferente, para que mundo seria transportado?

Quando vivemos muito tempo com alguém, fica mesmo difícil imaginar-se sem essa presença. Sonhar uma vida não exaustiva pode parecer demasiado contraditório, porque ao mesmo tempo é o que você deseja e o que você não consegue conceber como realidade plausível. Toda vez que o pensamento que se deseja está muito distante da realidade, temos a tendência de ridicularizá-lo ou desistir da proposta de reflexão. Analise comigo: da mesma maneira que você busca paisagens diferentes para o cenário das férias, você necessita fazer isso também com os seus pensamentos. Pensar diferente é viajar para a praia de um sonho que há muito você não permite que seja acalentado.

Pensar diferente também pode ser efeito de um encontro notável com alguém que se importe com o seu direito de transgredir. A "adultez" é o momento em que nos esquecemos de que a ajuda é coisa de gente forte, não coisa de gente fraca. Vejo você desesperado na busca pela impossível jornada da independência, e depois de tanto tempo ainda não conseguiu entender que está sonhando o mais impossível dos devaneios. Não há independência na espécie humana, você nasceu para a interdependência ou para a dependência eficaz. Sabe o que isso significa? Que aumentar a eficácia é o mesmo que escolher bem com quem você vai compartilhar os sofrimentos e as virtudes, as belezas e as dúvidas que entrem através da fresta dos dias para lhe causar alguma surpresa. O seu mundo, em mais um dos seus absurdos, acha que as pessoas que fazem parte do seu ecossistema são uma espécie de adendo à vida. Não são. Elas são alicerce. Gente sem gente por perto, na quantidade e qualidade que deseja, no momento em que quer ter gente por perto, é sofrimento. Escolha, com a mesma autonomia que você tem para fazer o que quiser, quem vai escutar os seus sonhos e mundos inventados. Talvez a outra pessoa também esteja exausta, e também precise reaprender a inventar pensamentos sobre si. Talvez a conversa valha para mais gente, e possa ser um encontro de vários. Pode ser na terapia, no trabalho, no colo de alguém amado, numa carta para você mesmo num futuro próximo. O importante é seguir em frente na construção da história inimaginável.

Você tem fome de que? Arnaldo Antunes, um dos gênios dessa época brasileira, cantou a música "Comida" há décadas, e ela é mesmo o que eu quero dizer a você. Sou uma espécie de inanição do desejo, você já me entendeu. Vou lhe deixando faminto de um alimento que você nem sabe mais qual é. Sou uma espécie de poente da alma, que parece que não vai mais alvorecer. Mas há em você o antídoto para essa desnutrição. É só deixar de acreditar em mim como história única. Eu vim para lhe ajudar a desaprender a existir para me satisfazer.

A sua fome pode ser de justiça, aventura, criatividade, esperança, encontro, gente de verdade, natureza, arte, diversão. E, por favor, nada de tomar meu convite como mais uma de suas propostas obsessivas, "enquanto eu não encontrar qual é a minha fome, não descanso". Descanse sim, no meio de qualquer caminho. Não retire jamais o seu direito à pausa, porque é dela que você vai conseguir fôlego para as reflexões e ações mais demoradas. Sempre que sentir necessidade, pare, e faça algo diferente, mesmo que você esteja dentro de casa e isso signifique tomar café sentado no corredor, imaginando o teto como um céu de estrelas, enquanto uma música toca na trilha do seu fone de ouvido.

Quando começar a conversar com o seu sonho, perceba se você o canibaliza muito facilmente. "Ah, mas isso é um devaneio, que loucura, é impossível", é um atalho fácil para um descaminho do diálogo interno. As conversas que temos com nós mesmos são o prefácio de um livro que ainda poderá ser escrito – basta que não desistamos de imaginar os capítulos seguintes. As conversas silenciosas, sobre vidas imagináveis, são as mais corajosas que você pode ter num momento de exaustão. Ali, no corredor, sentado escutando música e tomando o seu café, você vai perceber o quanto a sua vida atual está longe de alguma característica mínima que o satisfaria. Quem lhe ensinou a desistir do que é fundamental? Que contextos da vida lhe dominaram a ponto de aceitá-los passivamente ou negar outras possibilidades? Fique com essa lembrança impertinente, porque ela revela que você precisará voltar a essas pessoas e situações e dizer-lhes, aos poucos, que você tem o direito de ser diferente. O processo de se liberar de fardos antigos, ensinados por gente que a gente ama ou admira, e por isso se vê em dívida de lealdade, é feito com idas e vindas, tropeços e glórias, até construir parâmetros menos esvaziadores da sua energia vital. As pessoas que mais nos amaram também foram as que mais nos deixaram bolas de ferro amarradas aos tornozelos. E não fizeram isso por mal, mas por acreditarem que sabiam mais do que com nós mesmos o que deveríamos fazer da vida. Despedir-se não dessas pessoas, mas do triste legado que nos ata às escolhas que deixam a existência menos autêntica e mais árida, é uma jornada em si mesma. Há de se ter coragem e paciência para abandonar uma parte do que quiseram que fôssemos, e ainda por cima correr o risco de perder a admiração dessas pessoas porque não fizemos o que elas sonharam para nós...

O sonho durante o sono, aquele sobre quem Freud escreveu um livro, é o elemento mais pessoal, intransferível e incontrolável de toda a biografia humana. Não é à toa que estou usando a mesma palavra para falar de outra ideia. Estou falando aqui é do sonho quando você estiver desperto, do sonho como um alento e uma alternativa à história atual, que domina, oprime e sabota várias partes de si. O sonho a que lhe convido é o retorno às palavras que não conseguem mais ser expressas para desenhar a vida que você merece ter. A distância que o seu momento presente tem do cenário desse sonho mostra a você o quanto a sua vida tem sido uma correria, mas que nesta velocidade insana há pouco movimento autêntico e consciente em direção àquilo que é realmente o néctar da sua alma.

Legitime as suas verdades mais privadas e inconfessáveis. Há médicos que querem ser DJs, há esposas de décadas que desejam separar para viver uma vida diferente com outra pessoa, há dançarinos que querem advogar e há compatriotas que querem se transformar em forasteiros de outra pátria. As verdades mais difíceis de serem admitidas contêm partes da vida que não puderam ser vividas, e você vem até mim para abraçar-me, tentando desencontrar-se do próprio sufocamento. Há muita ansiedade quando a vida não mais lhe comporta.

Você tem fome de quê?

O direito ao sonho de reinventar a vida deveria estar na Declaração Universal dos Direitos do Homem.

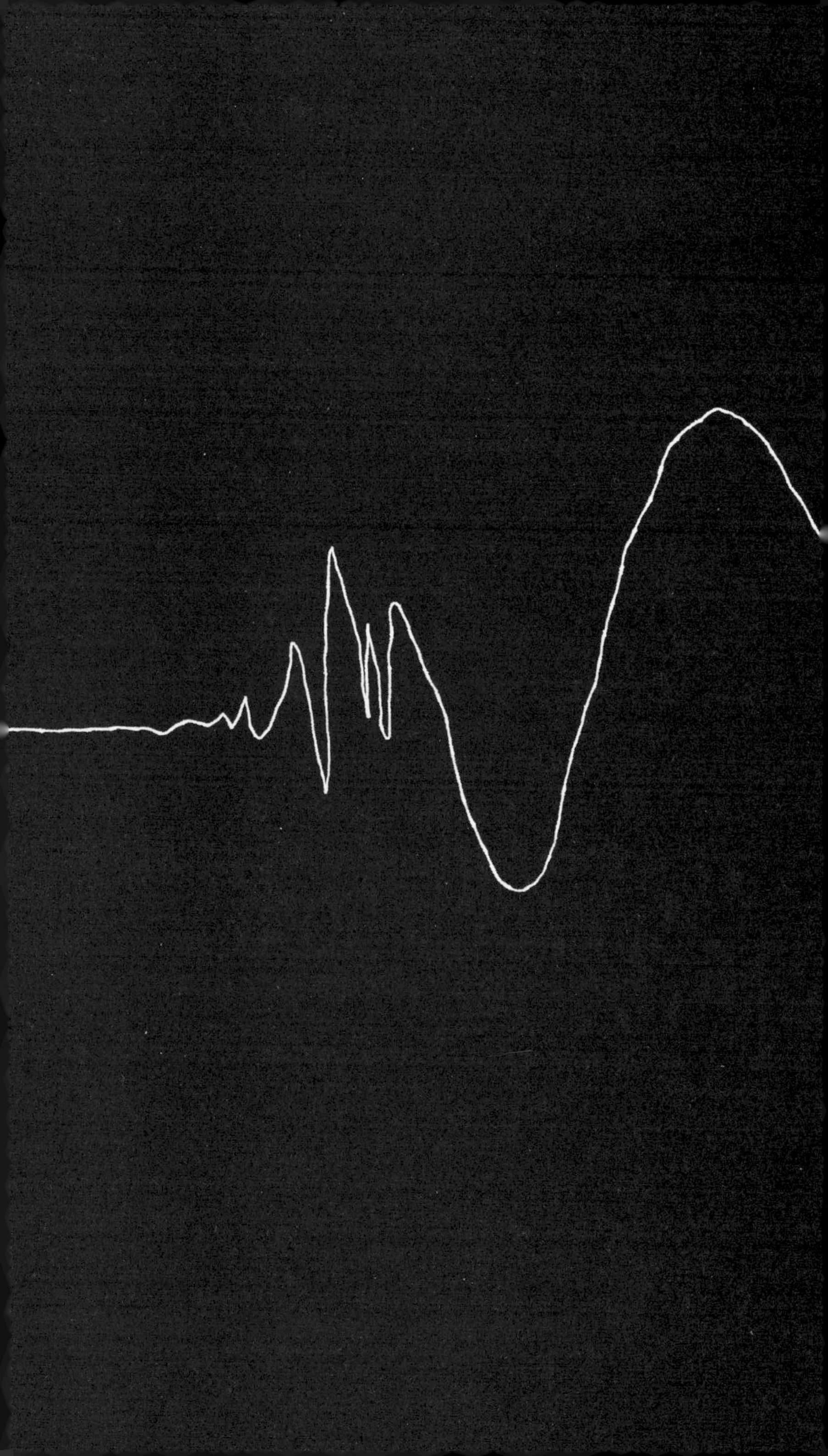

7. A IMPERFEIÇÃO QUE O CORAÇÃO ACEITA

Não escrevo tudo isso

porque me sinto livre das mazelas do mundo, por estar numa posição panorâmica. Perceba todo o avesso disso, e assim você estará mais próximo do que sinto, isto é, para muito além da própria consciência. A altura que me separa do seu mundo não é um repelente das suas dores. Quando você me conta sobre as suas mazelas, saiba também que sou permeável, feita de escuta e sensibilidade. Sou atravessada pelo que me disponho a receber como história. Toda pessoa que escuta ou atua com dores e sofrimentos humanos tem o risco iminente de se intoxicar com os conteúdos sofridos. Há uma ética no risco, há um cuidado contínuo de se ver enquanto se escuta. Não somos impermeáveis a nada que faça as emoções se expressarem. E se forem muitas histórias, e se essas histórias se virem diante de prisões cujas portas são difíceis de se abrir, se a cultura se transforma naquilo que se sofre e aquilo que se sofre é ligado demais a uma determinada cultura, maior o risco. Fui me percebendo sensibilizada demais com tudo o que vocês me contavam. E fui sucumbindo, no mesmo movimento que faço com vocês. Passei a experimentar, em mim, o veneno que não sabia claramente que inoculava em tantas vidas humanas.

E fui me percebendo desgastada, desistida, desanimada. E comecei a me enxergar muito pior, insatisfeita com o que fazia e, pior ainda, com o que era. Fui perdendo o respeito por minha atuação, fui encontrando palavras cada vez mais duras para pensar o pior de mim, ainda que em silêncio. Comecei a querer responder a isso com mais e mais perfeccionismo, como se a busca da perfeição fosse o remédio para o desgaste que se avizinhava cada vez mais. E, assim, fui caindo nos abismos de mim. Fui deslegitimando minha criticidade, achando que meus pensamentos deteriorados eram, enfim, o encontro com a verdade suprema sobre quem era. É muito fácil começar uma maré de autodepreciação. Me percebi uma perfeccionista que, quando não conseguia performar do jeito que supostamente deveria, transformava o baixo desempenho em um chicote que me flagelava como o pior dos carrascos. Sou uma perfeccionista em tratamento, e estas linhas são também um pedido de autocompaixão. Sinto que, ao falar tanto de mim, estou transformando meu olhar, meu panorama e minhas possibilidades. Falar é o ato supremo da capacidade de fazer a vida mudar de lugar, mesmo que tudo pareça imobilizado em amarras perfeitas.

Quando vocês romantizaram a minha existência, dando o aval para que eu fosse aplaudida como espelho para atos de responsabilidade, afinco, comprometimento e foco na vida, cegamente vocês estavam amando o perfeccionismo no mais alto grau devocional. Não estou aqui para tampouco o satanizar, porque esse sentimento pode ser frutífero e necessário a muitos afazeres. Imagine um neurocirurgião sem o perfeccionismo que o habilita para passar uma dezena de horas em pé, em uma operação que definirá o futuro do cérebro e do funcionamento corporal daquele paciente... Mas isso não quer dizer que tenhamos de aceitar o perfeccionismo como uma característica sempre virtuosa. Na cultura produtivista, o perfeccionismo é a forma de a máquina dizer a cada peça para funcionar no melhor de si, e quando ela não atinge o máximo de sua perfeição, pode ser facilmente culpabilizada por não corresponder a essa expectativa. O perfeccionismo é muito mais uma cilada do que uma salvação.

O perfeccionismo é a vontade de não ser humano, é o desejo de ter uma vida sem limites, é mais uma das ficções criadas para aumentar o desempenho, o engajamento e o envolvimento das pessoas a uma causa qualquer. Ele é o avô da culpa, sentado num antigo trono patriarcal, ordenando as pessoas a serem o que elas jamais conseguirão ser, somente para satisfazer os desejos de quem ocupa o lugar mais poderoso do sistema. Em todos os momentos da vida você começa a perceber que as pessoas se fiam por alguma métrica comparativista. O bebê engatinha antes do primo, e isso vira uma disputa materna inútil, que, além de não garantir aos pequenos o direito à particularidade do seu desenvolvimento, sustenta a rivalidade entre mulheres, situação que precisa acabar a todo custo. Muitos adolescentes vivem a transição para a "adultez" preparando-se para uma prova de fogo, que os translada à tão sonhada universidade, num processo de preparação perfeccionista para desbancar o oponente imaginário, que supostamente não descansa nunca. Quantas vezes vi jovens com culpa por descansarem, dizendo: "Enquanto durmo, meu concorrente estuda". A vida adulta é um abraço definitivo do perfeccionismo, sobretudo no que o corpo ou o desempenho no trabalho significam como valor. Há uma linha do tempo inteira que pode ser percorrida com a lembrança de quantas vezes você foi alertado sobre a preguiça, a falta de foco, a falta de disciplina, todas antíteses do perfeccionismo que levaria você à glória e ao reconhecimento supremo.

Ninguém merece existir somente quando entrega belos produtos, números sensacionais ou cenas notáveis ao mundo. Quando a vida decai em um vale, há alguma coisa para se escutar dessa queda, e que vai muito além da culpa pura e simples. Quem somente se culpa por ter caído não consegue aprender com a queda.

O perfeccionismo não é somente uma característica lamentável do ser humano. Para você alcançar alguns dos mais ousados objetivos, é necessário algum grau desse afinco. Os trabalhos, as trajetórias estudantis, as identidades maternas e paternas, a relação com as emoções e o desejo de relacionar-se cada vez melhor com os demais, tudo isso pode receber o tratamento perfeccionista positivo, em que a vontade é de melhorar constantemente, ser uma pessoa melhor a cada dia. Por isso, é fácil demais se confundir no perfeccionismo, porque na atmosfera dos atos mais magnânimos podem querer orbitar as intenções de desempenho mais impossíveis e absolutamente fora de alcance. E existem áreas da vida que serão mesmo de alta performance, como os esportes, sobretudo com o objetivo de ganhar competições. Faz parte do jogo, mas é necessário estar atento e forte para resistir aos treinamentos com tons violentos, sobretudo sendo justificados em nome da conquista da vitória. Os pódios não foram inventados para transformar atrocidades em pretensos treinamentos para a excelência. Os humanos são mestres em trocar as palavras, ocultando as facetas mais equivocadas e minimizando tudo o que é atroz como parte de um sistema antigo, que se mantém, inclusive, porque ainda há muita gente que se conforma com: "Fazer o quê? A vida é assim mesmo".

A compulsão, essa busca de saciar uma ansiedade ou vontade incontrolável, aparece com frequência na pessoa perfeccionista. Toda compulsão segue o desejo de obtenção de um prazer ou a obediência a uma regra rígida; no perfeccionismo, as duas coisas se fundem. Pode ser extremamente prazeroso aumentar a quantidade daquilo que você gosta de fazer, e cujo resultado sabe que vai lhe render louros muito prováveis. Por isso, há tanta gente viciada em trabalho, porque ele é mesmo uma atividade que se estabelece em miniexperiências de desafio e conquista, e que, uma vez atingidas, farão aparecerem outras e outras e outras para continuarem o fluxo de se testar e procurar vencer os próprios limites. Com o andamento dessa jornada compulsiva, fica fácil entender por que as metas vão ficando cada vez mais irreais: como o sentimento de prazer no desafio e na superação é maior do que a visão crítica sobre as possibilidades reais, o limite parece desaparecer, nem o céu é considerado como o teto das vontades. Cada tarefa, parte do dia ou projeto passa a ser um obstáculo para se vencer a maratona sem linha de chegada. E, obviamente, quem precisa parar no meio dela por algum tipo de esgotamento, é considerado um supremo perdedor, porque não foi capaz de talhar sua mente, governar seus desejos e alinhar o corpo perfeitamente para chegar ao sonhado resultado final. Eis a matemática dos fracassados silenciosos, que não conseguem expressar a indignação que lhes seria lícita e, por isso mesmo, fazem da vergonha a composteira da grande culpa indevida.

    O retorno ao que é razoável não será imediato, já que é tarefa muito complexa a escolha por uma via diferente daquela em que todo mundo está inserido. A direção contrária não é o ato suicida na contramão na avenida que provoca colisões irremediáveis, mas justamente a abertura de uma outra estrada, em que se possa trafegar no seu ritmo, sem se preocupar com a velocidade em que os outros estão caminhando. O perfeccionismo é a avenida mais abarrotada de qualquer cidade. Nela cabem inúmeras pessoas engarrafando tranquilidades sonhadas com metas impossíveis. Tome uma via alternativa, encontre alguma estrada, ainda que lhe pareça primitiva demais, de cascalho demais, para você entender com calma o que precisa ser feito. Enquanto houver somente as vozes dominantes afirmando que sou o seu único ritmo, e que o perfeccionismo é o seu alimento para escalar a montanha e chegar até mim, nada de diferente acontecerá de fato. As mudanças cosméticas crescem e ofertam um suposto remédio fácil para a transição para mais saúde e paz.

    Essa nova estrada se perfila erguendo os olhos para a imperfeição e, aos poucos, faz dela uma grande meta. O sonho deixa, assim, de ser apenas a conquista de mais e mais superações numéricas, e passa a ser simplesmente a aceitação da falibilidade. O erro quer fazer jus à companhia de seus dias como um estado de espírito, como uma lembrança de que ele é a cicatriz originária do humano. Você também pode destronar a autocrítica, retornando-a a um posto dignificante, e não degradante de sua autoimagem. Todas essas transmutações de conceitos tão arraigados talvez mereçam um apoio terapêutico; oferte-se essa experiência contumaz de liberdade de ser e dizer. Talvez seja por meio da fala, também errante como as ações humanas, que você vá encontrando a disponibilidade para se aceitar de maneira menos irreal. Basta de fazer uma avaliação de si mesmo com uma régua que lhe maltrata e lhe impede de ter dias bons ou ruins. Avalie se o seu mundo à volta – família, amigos, colegas de trabalho – reforça o que de mais neurótico você tem aí dentro. Preste atenção em como você conversa sobre si. Perceba se você pede aos demais que lhe confirmem a sua pequenez, ou se você se desculpa de forma reiterativa por não ter tido qualquer tipo de desempenho, do mais simples ao mais alto padrão. Pratique a compaixão da mente, busque espaços sociais nos quais você possa errar e até mesmo rir das suas inconsistências. Ria das suas discrepâncias entre a expectativa e a realidade. Todos nós somos um meme pronto para gerar gargalhadas, porque a nossa fantasia tem traços realmente ridículos. Sou como você, já assumi essa posição no início do capítulo, e quero lhe dar as mãos. Aqui em cima, daqui por diante, haverá uma placa: "Seja muito bem-vindo: aqui é o lugar somente para os que erram, os imperfeitos, os ejetados do foguete do impossível".

E que um dia você seja reconhecido não por aquilo que produz, mas também por aquilo que não consegue ser. Quando você cai, a alma lhe ajuda a ver que o sol do novo dia apareceu para trazer à memória que a criança que tropeça nos primeiros passos continua existindo, cada vez em atividades mais sofisticadas. Mas que jamais poderíamos nos esquecer daquilo mesmo, porque enquanto caímos, temos a esperança de levantar e tentar novamente, olhando para trás e dando um sorriso para alguém que acredita que seremos capazes de, um dia, correr. É por cairmos que podemos correr. A imperfeição é um ajuste fino que a alma pede que o ego realize.

8. A BELEZA COMO SAÍDA PARA A ALMA

Meu manifesto

, aqui, nasce da minha exaustão. A Exaustão exausta de ver gente derretendo o encantamento de suas existências. Há décadas ouço as coleções de histórias de dor de pessoas que não veem outra saída a não ser persistirem na vida veloz, no excesso de tarefas, no tamanho da pasta de pendências que jamais deixa de estar preenchida, na planilha de coisas a fazer que nunca se exime de dizer "há atrasos, inconsistências, falhas, incompetências em realizar tudo o que deveria ter sido feito". Essa vida em que toda e qualquer conversa começa com o pedido de desculpas de uma mensagem que não se enviou, de uma ligação que não pôde acontecer "porque a vida está uma correria louca". As desculpas que querem reatar o processo de vincular-se àquela pessoa que também está no mesmo mundo, no mesmo fluxo, e, portanto, responde com: "Imagine, está tudo bem, eu também estou em falta com você em tantas coisas que ficaram suspensas".

O que está demais nessa vida é a aceleração. Se a vida tivesse sido pensada para acontecer na velocidade dupla, quádrupla ou quíntupla, vocês não seriam uma das espécies que mais demoram para se formar, em nove meses de gestação, e ainda por cima nascendo em um nível notável de imaturidade. Os bebês demoram para aprender a controlar esfíncteres, as crianças levam anos para se alimentarem sozinhas, para aprender a lidar com as emoções mais básicas, para entenderem que a vida pode acontecer sem a presença absoluta de seus cuidadores mais frequentes e escolhidos como os mais centrais para gerar segurança. As crianças levam anos para alcançar o letramento. Os adolescentes levam anos para entenderem o novo corpo e lidarem com a sexualidade. Os adultos demoram para envelhecer. O tempo da vida não é fast forward, aquela tecla da fita cassete que passava a música para a frente, e que agora tem a velocidade que você quiser dar a ela na linha vermelha da duração do vídeo. Se você quiser passar o vídeo para a frente, é só fazer da sua mão a dona da aceleração do tempo, e escolher a rapidez com que quer ver passar aquela música, aquela cena, aquela voz. Em um instante, apenas, você acredita que viu, que ouviu, que apreciou. Os áudios podem ser escutados na velocidade aumentada. O tempo de suportar a vida vai ficando cada vez mais finito. O tempo da paciência para degustar o que pode vir a ser um ato de beleza tende ao zero.

E a beleza não é um dado, ela é uma produção. Para a beleza entrar na sua vida e começar a salvar a sua alma de tamanha exaustão, há que se dar a ela o tempo da delicadeza. Lembre-se de Chico Buarque, esse homem para além e aquém de qualquer tempo veloz, que demora anos para produzir músicas, livros ou qualquer palavra que queira apresentar. Chico, em sua música "Todo sentimento", produz um diálogo com a beleza: "Depois de te perder, te encontro com certeza/ talvez no tempo da delicadeza/ Onde não diremos nada, nada aconteceu/ Apenas seguirei como encantado ao lado teu". Vejo os exaustos e as exaustas, como pessoas que se perderam da beleza. O trabalho incessante, obrigatório e voluntário, essencial ou adiável, nobre ou plebeu, prazeroso ou odiado, é a aversão mais completa ao momento da pausa, do silêncio para que a beleza possa entrar. O belo não quer entrar em nenhuma rave em forma de vida. As luzes estroboscópicas, a colagem frenética dos videoclipes, merecem ser um recorte limitado em uma trajetória humana. O seu equívoco foi ter transformado esses símbolos na imagem mais perfeita para suas rotinas.

Mas Chico é sabedoria e esperança. Voltemos a ele, porque nos diz que há sim que se reconhecer a perda do contato com a beleza, mas há como reencontrá-la, justamente no tempo da delicadeza. Ora, delicadeza parece uma palavra feminina demais para ocupar o lugar das vidas apressadas dos homens. Mas não se engane, tampouco deixe de levar a delicadeza como uma possiblidade de valor de qualquer gênero. A delicadeza é a arte de poder se maravilhar com alguma coisa, é o olhar que consegue respirar profundamente e suspirar, sem agonia alguma. O tempo da delicadeza é o formato mais preciso que consigo imaginar, em palavras, para tudo o que quero deixar de ser em sua vida. Quando você conseguir habitar o tempo da delicadeza, não estarei mais presente como um dos mais fundantes elementos que gritam a dor de existir. É na delicadeza reconhecida, sentida e reincorporada à vida, que você vai conseguir se livrar de mim.

Para a delicadeza se espalhar pela sua alma, você precisará pausar. E, observe, não adianta dar uma pausa no trabalho para depois voltar a trabalhar. Essa pausa é uma falsa promessa de futuro, ela serve apenas à sobrevivência básica de um corpo em estado de deterioração. Deixei de aplaudir esse tipo de história, e vim aqui num movimento afirmativo que deseja muito mais para você. Não sei desde quando você desistiu de querer mais do que a sobrevivência do corpo e da alma. Porém existir é muito mais do que sobreviver, é alçar um voo sem direção certa, é abraçar a surpresa, é poder viver o encantamento e ser transformado apaixonadamente por ele. Uma vida que valha a pena ser vivida é muito mais do que uma vida produtiva, que opere com louros, conquistas, títulos e patrimônio. Você tem fome de quê?

 Pausar é realmente parar. Parar com o intuito de poder voltar a gostar da ausência de finalidade. Ninguém faz pausa a fim de produzir nada. O ócio que precisa realizar a tarefa de descansar já é uma distorção em si. Parar é parar. Parar é redescobrir o que é não fazer. Você se esqueceu disso. Não há mais vazio. Antes de tudo isso acontecer, você conseguia ser assim. Sua memória é a melhor forma de esperançar o futuro, veja só: você parava, não tinha o tempo todo preenchido com mensagens com outras pessoas, com multitarefas. Havia aquele tempo em que o barulho da água da ducha é quem trabalhava, e você estava ali somente para receber o presente como um acontecimento notável. Você já foi o tempo da brincadeira não interrompida por só mais uma "mensagenzinha", algo que vocês andam nomeando muito bem como "parentalidade distraída", ou seja: pais que brincam com os filhos sem estarem completamente presentes no encontro com eles. O tempo do transporte coletivo já foi o tempo de simplesmente pensar na vida, elaborar o dia, escutar uma música que virava trilha sonora das reflexões existenciais. Hoje é o tempo de escutar conteúdo, de receber informações, de fazer aulas, de produzir. Poderia passar inúmeras linhas e parágrafos declamando cenas em que a pausa já pôde existir. Você está sempre em diálogo com um outro. Pausar é dar o espaço e o tempo para o diálogo interno e silencioso consigo.

Reaprender a pausar é insistir numa prática lenta e gradual de retorno ao tempo da delicadeza. A angústia que você já sente com a pausa é um sintoma, que precisa ser enfrentado. Então, estou aqui, tome minhas mãos. Estou aqui para relembrar que o tempo da alma pode ser compatível, em alguma dimensão, com a vida que você precisa ter. Pausar é deixar um pedaço simples do seu dia sem o dever de ser eficiente. Há quanto tempo você passou a olhar para o tempo de pausa como uma falha de produtividade? Como são suas férias? Elas são maratonas de tarefas que seguem o mesmo fluxo dos dias de trabalho? Se essa sensação é forte, se você me lê e sente que está tudo perdido, isso também é uma distorção da sua mente. Tenha compaixão por ela. A sua mente está sendo exigida demais há muito tempo. A mente também pode ter se esquecido de que pode descansar. Por isso, reaprender a pausar é um retorno que vai demorar algum tempo. Todos demoram para reaprender a fazer coisas que têm o cheiro da delicadeza: meditar, por exemplo. A meditação não é um presente que se conquista na primeira fechada de olhos, é um caminhão de imagens e palavras e frases e lembretes e gritos de silêncios enquanto se tenta construir o suposto mesmo estado dos mestres no alto do Himalaia. Os engravatados acelerados, que nem veem o outro passando ao lado nas calçadas da avenida Paulista, são os que mais mereceriam se dar o direito a qualquer tipo de atividade meditativa.

Mas, se você não quiser meditar, experimente simplesmente fechar os olhos. Observe por quanto tempo consegue ficar de olhos fechados, sentindo a textura do vento, sentindo o seu batimento cardíaco, prestando atenção ao tempo entre a inspiração e a expiração. Respirar é o ato primordial da vida, e é o esquecimento primordial da vida exausta. Ou, se quiser pensar em outros tipos de retorno, fique com a dança, com um belo encontro presencial e com celulares desligados, com a brincadeira livre e sem roteiro prévio, com a contemplação da natureza, com o corpo que precisa voltar a ser sentido, e não somente trabalhado para ter um resultado de estética ou saúde. Há modos inúmeros de se reatar os laços com a delicadeza. E não estou aqui, toda professoral, como se não precisasse aprender nada. Paulo Freire dizia: "Quem ensina aprende ao ensinar, e quem aprende ensina ao aprender". Tenho telhados de vidro e que me dão justamente o direito de estar aqui. Sou como Quíron, o cuidador ferido que, exatamente por ter feridas, pôde se disponibilizar a cuidar das feridas alheias. Preciso confessar: de tanto trabalho para receber as pessoas que vêm escalando os dias para chegarem até mim, em algum momento, também virei uma de vocês. Percebi que estava passando do ponto mais razoável, que estava trabalhando incessantemente no cuidado à exaustão alheia, e fui me esquecendo de mim. O cuidado ao outro sem o cuidado de si é parte das doenças desse tempo, um vírus muito transmissível porque traz em si a máscara na nobreza. Como é nobre ajudar, salvar, cuidar e proteger um filho, um paciente, um cidadão na rua... Mas e a pergunta clássica, quem cuida de quem cuida? Fui cuidada, e muito bem cuidada. Precisei entender que necessitava ser maternada para poder materná-lo. Tive ajuda, mas ainda não quero falar disso, porque quero contar uma outra história.

    Um dia dei uma festa. Os exaustos estavam simplesmente descansando, e não conseguia enxergar neles sinais evidentes de melhora. O descanso não é cura de mim em sua vida, mas a reinvenção. O corpo exausto precisa ser reinventado, e isso só acontece no movimento. Quem não consegue ter essa atitude por si só precisa pedir ajuda; um corpo inerte que desistiu de se mover no tempo e no espaço precisa e merece falar, pedir, ser abraçado e levado para se expandir no mundo do "há tanta vida lá fora". E por isso, um dia, eu acordei todos os exaustos de seus sonos pretensamente reabastecedores, e os pus a dançar. Foi uma dança livre, de olhos fechados, na qual ninguém via o movimento de ninguém. Não havia nenhum outro medindo a qualidade e a beleza de sua dança. Pois vocês, até para dançar, parece que inventaram uma competição, uma performance. Quem não dança bem não pode entrar na pista. Quanta deformação da arte de se redesenhar. A dança é um contorno que será sempre um croqui, as linhas da dança são imprecisas porque é inconsciente no corpo que deseja se mexer para despertar do sono da desistência. Dançar é renascer. Voltar a dançar de olhos fechados, sem ter de fazê-lo com excelência alguma, é praticar mais uma vitória sobre a cultura do desempenho e da performance. Sabe o que aconteceu depois de um tempo em que convidei as pessoas para dançar? Elas ficaram em silêncio. O movimento gerou a pausa. A pausa gerou a conexão com a vida. E aí, não mais puderam fingir que o belo inexiste. Precisaram de tempo para fruir a beleza da vida.

Pediram para simplesmente ficar em silêncio e começaram uma experiência de contemplação. Havia beleza na pedra, no musgo, no céu azul, no movimento das nuvens. Ali entendi mais uma coisa: a beleza tem seus critérios restritivos, e não chega aos lugares em que a aceleração quer ganhar todo o palco. A Beleza diz: "Se é esta vida que vocês querem viver, vou embora. Quando quiserem fazer uma pausa de verdade, podem me chamar que estarei a postos para retornar aos olhares de vocês". Vi a beleza retornando aos olhos daquelas pessoas. A beleza só se manifesta em tempos demorados. Há que se demorar no belo para que ele desempenhe o seu poder de acontecer, transformando a vida de quem o sente.

O que é o belo para você? Fiz essa pergunta para as pessoas que, havia pouco tempo, estavam dançando livremente diante de meus olhos sorridentes. "O belo para mim é a música"; "Para mim é a leitura"; "Para mim é cozinhar como ato de amor"; "Para mim é brincar com meu cachorro"; "Sinto a beleza da vida quando dou as mãos para minha avó, alguns segundos, e vejo seu esforço em se lembrar, já deteriorada pelo Alzheimer, quem sou eu". Para todas as respostas sobre a beleza, há a necessidade de o tempo parar. Não há beleza e encantamento na aceleração. Quando você transita muito rápido pela beleza, ela passa e talvez você nem chegue a senti-la. O tempo passou na janela, e só Carolina não viu. Não seja Carolina. Deixe o tempo passar pela janela do seu quarto. Deixe a vida expressar-se em beleza. Deixe a pausa acontecer. Não preencha o tempo da contemplação da vida com mais tarefa, com só mais uma mensagem. Comece a perceber o retorno de sua alma quando você se devota ao tempo da delicadeza. A fé na vida que ainda pode acontecer fica maior assim que permite que a beleza seja um presente. E, quando você ganha um presente, leva algum tempo para abrir o papel, usufruir da alegria de ter sido lembrado, e abraçar a pessoa que lhe entregou a generosidade materializada. A beleza tem o tempo desse receber e abrir o presente, e não suporta a grosseria de ser recebida displicentemente, com um "muito obrigado" veloz demais e que agradece por mera formalidade.

Demore-se na memória de tudo o que você já sentiu como belo em sua vida. Volte nos vários tempos da delicadeza, em todas as fases que antecederam a essa leitura. Você foi aquele bebê que contemplou o olhar de sua mãe, e que recebeu dela o mesmo olhar sem hora para terminar de ser belo. Lembre-se dos olhares silenciosos para os seus filhos, ou outros bebês que você tomou nos braços. Volte aos abraços sem palavras que foram dados nos momentos de luto, porque também há beleza na conexão que gera perdas tão dolorosas. Beleza é "agoridade", é eternidade feita no momento em que a respiração não tem pressa de voltar a acontecer. A respiração do belo é o suspiro.

O belo vai voltar, quando você quiser. E você não vai recebê-lo passivamente. A beleza vai entrar em sua vida como a metade de uma fecundação. Você entra com a disposição para ter tempo para ela, e ela chega com o deslumbramento que você nem se lembrava mais que pudesse voltar a existir. Depois, você precisa voltar a trabalhar, a pagar boletos, a colocar crianças para dormir. Um novo dia vai recomeçar, e você vai entrar novamente no ritmo frenético que talvez ainda não seja possível transformar tão intensamente. Mas algo já foi transformado, você agiu de forma lúcida e lírica no regresso daquilo que estava esvaziando um tanto do seu sentido de estar por aqui. A beleza é necessária à alma como a respiração ao corpo. A beleza precisa estar presente para cada dia vivido com mesma importância que você tem dado ao trabalho. É só olhar, depois sorrir, depois gostar. Mas há o tempo de se preparar para esse olhar ao belo, que é um retorno aos poucos. Resista a desistir de buscar a beleza. Insista no suspiro invadindo o seu mais banal cotidiano. Lembre-se de quem você já foi, do que lhe gerou a sensação de prazer inenarrável. De repente, a partir de tantas lembranças da visita da beleza em sua biografia, você vai querer que ela tenha cadeira cativa no seu tempo de agora. A beleza quer brincar com seus sentidos, quer acontecer como a repetição mais inédita, porque ela nunca desiste de surpreender. O belo jamais é entediante, e acontece como lufada de vento quente quando menos se espera. A beleza é um alumbramento com quem o coração quer se casar. E, como em qualquer casamento longevo, vai querer fazer planos de futuro, para ficarem cada vez mais juntos. O desejo da beleza é habitar a sua vida até que a morte os separe.

9. REENCONTRANDO O BEM-ESTAR

Você não está somente

lendo este livro. Está aqui, ao meu lado, numa vida que é a escalada concreta dessa montanha que nos separa e nos aproxima, que é símbolo e jornada da história da sua estafa. Para você me conhecer de fato, precisou escalar várias vezes por uma trilha de envolvimento, em que você se engajou em tarefas, inclusive muito nobres, sem prestar atenção aos limites de seu corpo, mente, alma ou espírito. E já consegue entender que sou abusada, folgada, e vou me esgueirando como uma rotina incansável que vai lhe retirando a tranquilidade, a paciência, a autocompaixão, a criatividade e a esperança. O caminho no qual você se sente no caos da exaustão dura um tempo, exige esforço, e o retorno a uma vida mais saudável pede também algum momento na direção contrária. Vamos conversar sobre isso, porque a imobilidade que lhe provoco pode e merece ser revertida. Você está cansado desta vida em particular, está com desesperança de tentar qualquer coisa muito nova, mas isso não quer dizer que não tenha nenhuma energia *disponível para reconstruir* o que é possível para refazer os votos com o bem-estar.

Aproveite para alterar a sua forma de compreender o significado dessas duas palavras "bem" e "estar". Primeiramente, perceba que usamos o verbo "estar", que é a forma de falarmos daquilo que passa, que é transitório, que é temporário. O bem-estar não é uma conquista definitiva, ele é um cuidado permanente. Ele chega, ele faz o seu trabalho de deixar tudo um pouco melhor, e depois vai embora visitar outra pessoa por aí. O bem-estar não lhe pertence, não é um patrimônio, não é uma placa ou estátua. O bem-estar é um sol que aquece e em seguida pode ser encoberto por nuvens de preocupações, angústias e problemas difíceis que aparecem de repente. Como ele importa, e muito, tê-lo por perto é sempre uma ação que passa pela sua consciência. Num terreno sombreado como a rotina de sua vida, receber os raios solares do bem-estar pede de você a atenção para se movimentar na hora e no lugar em que ele estiver aparecendo.

O bem-estar não é uma sensação simples de se descrever. Numa palavra tão curta cabem muitas formas de satisfação – que não são excludentes, mas complementares. Manter uma dessas peças do lado de fora da vida pode lhe fazer muita falta, e também significar que você deixou de se sentir bem. Não são somente sentimentos agradáveis os sinais de bem-estar, mas, por exemplo, você se observar no espelho e gostar da imagem que vê, sorrir para a vida que construiu ou para a reforma íntima que está colocando em prática. Satisfação também engloba gostar das pessoas que estão à sua volta, sentir que há uma reciprocidade importante entre vocês e que o apoio mútuo e a valorização circulam nos diálogos assim como as histórias que se contam e escutam. Bem-estar é sentir-se pertencente a espaços, instituições, grupos que ampliam sua condição humana e fazem você viver coisas que não viveria sozinho, e que lhe fazem sentido. Todas essas categorias que integram o conceito mais amplo de bem-estar consideram que toda pessoa leva um bom tempo para traduzir os seus desejos em palavras, sentimentos e buscas. E quando pensa que os entendeu, já quer outras coisas da vida, e aí vai precisar se escutar novamente, para assim alterar o conceito do que é essa vida satisfatória...

Numa vida centrada na produtividade como a sua, é uma conquista importante começar a reconhecer a presença marcante do bem-estar no meio do caminho, e não somente na linha de chegada. O bem-estar é o resultado da experiência com o belo em cada grão de tempo. Quando você vive a beleza, ela entra na alma e provoca alguma transformação. Depois, você fica um tempo com aquilo do lado esquerdo do peito, reverberando a novidade serena de ter recebido a visita da beleza. Pense quando você saiu do show de que mais gostou, lembre-se da sensação que permaneceu em você no dia seguinte, ao relatá-lo para outras pessoas que não estiveram ali, e que por mais que você falasse com entusiasmo, jamais conseguiriam capturar a essência da cena original. A experiência de fluidez na vida tem essa dimensão, é um encontro do prazer com o encantamento, da alegria de ser surpreendido com alguma chama do momento que se mostrou inesperada, superior a qualquer expectativa. Ser surpreendido pelo belo é um dos elementos das maiores experiências de bem-estar.

Mas as histórias de bem-estar não se encerram em você, somente. Ele é uma preciosidade da vida que se manifesta no coletivo, no encontro com os outros. Imagine o que sente um ator ao ser aplaudido no palco, o professor quando consegue sentir que a turma está atenta à sua fala. Lembre-se de como pode ser inebriante perceber que a sua ação no mundo afeta várias pessoas: um dia em que você preparou uma comida deliciosa para dezenas de amigos ou familiares, ou quando você elaborou aquela festa surpresa que deixou o aniversariante e tantas outras pessoas emocionadas. O bem-estar está ligado ao altruísmo, à disponibilidade para o outro, à capacidade de sair de uma vida autocentrada para chegar além dos seus desejos individuais. A vida em grupo pede altruísmo, que é conceder um pedaço de si para o outro, quando sente que ele está vulnerável. É um deixar-se levar pela possibilidade do encontro com alguém fortalecer a ambos. Reveja as cenas em que você se sentiu mais verdadeiramente altruísta, e perceba o tamanho do benefício que se gerou no encontro entre quem ajudou e quem supostamente foi ajudado. O altruísmo quebra hierarquias, dissolve estruturas de poder desnecessárias à sua manifestação. Um chefe pode ser altruísta com seu funcionário; naquele momento, ele é uma pessoa apoiando outra pessoa, e ambos sabem que os papéis profissionais não estão em jogo no momento da verdade da alma.

Bem-estar é uma apoteose de satisfação a sensação de caminhar em direção à própria coerência entre o que se pensa, sente e faz. E afirmo que o bem-estar está no caminho que insiste na coerência, porque ele é infinito. Ninguém alcança a totalidade da coerência humana. A incoerência é uma das características que lamentavelmente não os abandonará jamais. É disso também do que a humanidade é feita: algum bocado de ambivalência, incoerência, afirmar que quer muito algo e agir no instante seguinte numa direção contrária. Você garante que não vai mais exagerar dessa forma, e no dia seguinte está lá o exagero extrapolando as fronteiras que estavam claramente postas para que ele não se espalhasse pelo tempo e pelo espaço. Por isso mesmo, há que se ver a estrada como um momento de grande prazer. O prazer não é chegar à perfeição da coerência absoluta, mas ver-se munido da intenção mais genuína de ser mais próximo de habitar o que se diz. O bem-estar, estando disponível em qualquer pedaço de vida, é um direito inalienável, cuja legitimidade a sua autocompaixão conhece bem.

É bem-estar também o momento em que há a proximidade humana na maior das dores. A morte subtrai amores, mas aproxima afetos distantes no tempo e no espaço. O abraço dos enlutados é o amor concreto e possível naquele momento, já que para a morte não há a saída perfeita, que seria o retorno da pessoa que faleceu. A morte ensina que a vida opera mesmo na dimensão do que é possível, e não na fantasia do ideal que sustentamos dia sim, dia também. Há satisfação de ter apoio no momento do luto, é o que renova em algum nível a existência dilacerada pela passagem da morte. O bem-estar não desaparece jamais, nem em momentos de franca tragédia. No entanto, é mais difícil fazê--lo acontecer nestas horas, há que se dedicar tempo à sua visibilidade. Muitos sentem culpa pelo bem-estar em momentos trágicos – não caia nessa, é o suspiro que a vida está lhe ofertando para se sustentar em meio à grande tormenta. Apenas receba, sinta como um afresco de beleza, como pétalas de rosa que insistem em se afirmar no topo de um talo cheio de espinhos.

Estar bem não é estar calmo e absolutamente seguro, mas estar em movimento entre instâncias da vida que lhe agradem. Se a adrenalina de um trabalho intenso é parte do seu bem-estar, excelente, mas você sabe que ele tem a sua porção de remédio e de veneno, a depender da dose. Há como você se ver entre os espaços e cenas em que você está na alta produtividade que caracteriza o seu dia, mas também em outros em que você não tenha que apresentar resultados satisfatórios? Você está entre as pessoas que, de tão preenchido o seu tempo, é difícil demais conseguir reaprender a pausar? E não adianta fingir para si mesmo, dizendo que o estresse não acontece, que as suas escolhas mais adequadas podem ter gerado em você esses efeitos de exaustão. Você não ganha nada com a negação, embora a consciência de um fenômeno difícil de ser enfrentado comece com ela no carro abre-alas. A sua sociedade é composta por algum nível de negacionismo. Isso significa dizer que negar o óbvio faz parte da experiência humana, e não somente nas atitudes políticas mais macabras. A negação aparece como mecanismo de defesa quando, por exemplo, é preciso admitir que há algo de adoecedor no território mais nobre daquilo que lhe dá prazer, status, reconhecimento, dinheiro e poder.

    Você se sente bem quando a vida tem significado, e não somente em sua visão mais generalista. A vida com significado se confirma quando a lupa é posta nos detalhes. É claro que nenhuma vida é estável na sua percepção de valor, em muitos momentos de insatisfação, a angústia lhe servirá como uma espécie de prólogo da etapa seguinte. É importante deixar a angústia falar com você. Mas se for muito difícil conversar com ela, procure uma ajuda terapêutica! A angústia é o que lhe leva à terapia, ela é quem dá as mãos para você conversar ali, sessão após sessão, o que pode ser modificado numa vida que aparentemente está aprisionada em muitos fazeres, em muitas limitações e na impossibilidade de sequer pensar em transformá-la. À medida que você sente a prisão da sua mente lhe dar novamente o *habeas corpus*, à medida que as possibilidades de futuro emergem e fazem você viver o suspiro da esperança, o bem-estar retorna com a intensidade de sempre. As transições da vida, inúmeras ao longo de toda a biografia, são uma mistura de dores antigas com novas e amedrontadoras possibilidades. Pode ser muito bom começar a pensar, começar a agir e começar a receber a novidade que veio dar à praia de sua vida na qualidade rara de sereia. Bem-estar é, de repente, como na surpresa de um descuido, sentir a novidade em meio à vida de sempre.

O bem-estar é importante porque você é importante. Ele é complexo, acontece entre o seu silêncio mais íntimo e toda a qualidade de interações sociais de que você participa. Não se engane, é necessário que você ativamente produza bem-estar nas duas dimensões para viver uma vida plena de sentido. Há anos recebo aqui pessoas individualistas, que se preocuparam em conquistar somente o êxito de suas vidas, de suas carreiras, de seus lugares de poder. Acumularam renda, títulos acadêmicos, idiomas, propriedades, histórias de sucesso. Mas se esqueceram do bem-estar coletivo. Mantiveram no fundo da cena, como figurantes, aquelas pessoas que eram ditas como as mais importantes. Não viram seus filhos crescerem, não estiveram nas festas da escola e não viram o dia em que eles se sentiram vitoriosos na olimpíada intercolegial. Não acompanharam seus primeiros amores, não deram suporte às suas dúvidas da escola, não puderam acolher seus prantos angustiados. Hoje, eles cresceram, e agora só resta a realização pelos netos, se e quando vierem. Da mesma forma, recebo aqui pessoas exaustas de lidar somente com grandes causas coletivas: mulheres abnegadas a suas famílias, que não se sentiram em liberdade interna para dar voz a seus outros interesses para além do cuidado familiar; profissionais de saúde que esvaziaram suas vidas afetivas e privadas em nome da profissão, ativistas sociais que se veem como salvadores do mundo e que não conseguem se dar a pausa para a sua vida mais prosaica, prazerosa e possível de manifestar, ainda que seja o momento em que o mundo ainda está ao contrário. É preciso amor para poder pulsar. Não há bem-estar nobre que se valha da recompensa que ele próprio produz e que não se relacione com o resto da vida. Uma vida realizada apenas em uma dimensão cobra um preço alto, em algum momento presente ou futuro. O bem-estar jamais deixará de querer ser uma presença nos seus sonhos pessoais e naqueles que só acontecem com o esforço de muitas mãos. Cuidar de você é assumir o protagonismo destes dois bem-estares.

    A felicidade não pode ser uma meta. Não há produtividade que faça a felicidade chegar. Ela não é uma linha de chegada. A felicidade é o usufruto prazeroso, atento e conectado ao seu coração, enquanto você tenta chegar até ela. Sempre desconfiei da felicidade dos livros de autoajuda, porque ela parece uma meta com uma receita simplista demais. A felicidade, para existir, segue os pressupostos da vida humana: é imprevisível, incontrolável, instável e complexa. Não há como prever seu caminho, não há como delinear uma meta para atingi-la, e o gosto dela é diferente demais de tudo o que se imaginou. Se você for bem honesto, saiba que ir atrás desses momentos vai lhe conferir uma luminosidade especial à rotina de correrias, acelerações e boletos que chegam. É na desistência do controle que irrompem as melhores surpresas, e por isso pausar é o mínimo necessário para o inesperado acontecer, arrebatando um olho arregalado, um sorriso e, quem sabe, uma lágrima.

10. SUBINDO A MONTANHA DA ESPERANÇA

Um dia, a Esperança me mandou uma carta. Ela amarrou um pergaminho nos pés de uma pomba branca, que veio me entregar suas palavras de alento. Me sentia consumida pelas dores de ser, de ver as pessoas exaustas aos meus pés, decaídas de sua grandeza. Estava vivendo uma crise de identidade, e não colocado em palavras o nome daquilo que gerava os meus pensamentos invasivos. Foi quando chegou a carta da Esperança para meu momento de crise. E dentre tantas outras coisas que fizeram minha pele áspera se umedecer, me contou:

Sou uma presença que pode se eternizar, mas depende de você se colocar em movimento. Não sou uma ideia vaga. Não sou uma fantasia irreal. Sou pés caminhantes, sou chão pisado, sou mares agitados pela incerteza que continuam banhando seu sorriso hesitante. Estive com você até se despedir de seu corpo infantil. Depois disso, foi escutando e vivendo coisas que fizeram você me esquecer num canto qualquer. Nós vamos, juntas, retornar à sensação de que sou parte de pés adultos, de unhas encravadas de tristeza e de rachaduras na capacidade de acreditar no humano. Entenda, nem eu sou infalível. Sou talvez a sua parte mais humana, também desconfio às vezes da minha capacidade de fazer um futuro brotar. Mas algo acontece quando busco estar próxima a você, que minha energia parece retornar ao estado mais íntegro. Hesito, quando estou longe de você. Também preciso entender que você me queira por perto. Não é dependência, nem jamais será. É noção clara de que nós somente conseguimos operar no mundo em parceria. Eu e você. Sou metade da sua realização, e você é grande parte do meu alento e sentido de existir.

    Ela não me contou sobre sua morada, inclusive porque bilhetes de pomba não costumam vir com CEP. A carta inteira falava de mim, comigo, com o que eu nem conseguia mais sentir. Aquele papel denunciava o quanto havia me abandonado, o quanto precisava de ajuda para conceber um retorno à minha identidade mais visceral. Estes anos todos vendo pessoas escalando suas trajetórias de paixão, entrega, devoção e engajamento fizeram de mim um poço narcísico, e nele me afundei. Estava sucumbindo ao poder de ter influência, que tanto erode os propósitos que podem fazer do mundo um lugar menos deletério. Comecei a comportar-me como uma Rainha de Copas cercada de súditos. Deixei de ser um alerta, como sempre tinha sido, uma luz amarela no meio do cotidiano da vida de alguém, o que lhe indicava para fazer uma pausa, um suspiro no meio do caos. Passei a ser uma ideologia, uma moda, um trending topic nas conversas de todos os tipos. Nem precisava de hashtag alguma, porque a reiteração maior que me evidenciava em qualquer espaço, para além das palavras, eram as olheiras desanimadas, na voz em desalinho e desalento. Tinha literalmente um mundo gravitando em torno de mim. Eu, um sol sombrio que queima ao invés de aquecer. Eu, um sol que não soube se colocar na distância ótima que promove calor, deixando todos expostos sem protetor na pele da alma. Eu, uma queimadura que me lancinou, que me deixou aparente em minhas misérias. A minha cegueira egoica estava queimando as vidas alheias.

Fui até o lago e me espantei com o que vi. As águas não se fizeram um espelho, mas um estilhaço que me cortou. Já não era mais eu mesma. O prazer do poder e da conquista já tinham se transformado em ouro de tolo. Eu chorei ali mesmo, tive raiva e gritei, fiz um silêncio que nada sentia, tentei ultrapassar em vão o medo de não conseguir voltar. Tinha saudade de meus princípios, sentia a nostalgia de meus primórdios, queria retornar para a casa dos meus valores. O que se faz ao perceber que você não é você? Sustos como esses comportam alguma ação reparadora? Com que pés se transladam os retornos a si? Qual é a direção certeira, que pode trazer algum alento a quem se sente perdido de dentro para fora?

A carta, sem endereço, era o meu real destino. Precisava conversar olhos nos olhos com a Esperança. Não sabia bem o que esperar de uma viagem sem rumo, em que o ponto de partida era a minha perdição. A única certeza era a da mais absoluta falta de garantia, porque a reconstrução começa mesmo com algum nível de ruína. Precisava ir, não tinha alternativa. Voltei do lago, e tomei todas as pessoas que estavam comigo pelas mãos. Os dedos foram se entrelaçando e se fizeram um círculo, continuava na abstinência de qualquer som, sem dizer-lhes nada, mediada pelos meus olhos que somente conseguiam convidá-los para o mesmo nível de reencontro com suas almas.

Começamos a descer. Apesar de escutar devaneios e degradações de meus pensamentos, comecei a perceber que a visão que tinha do mundo lá embaixo havia se alterado. Meus olhos tinham deixado para trás a miopia de outrora. Passei a ver a agonia daquelas e daqueles que correm, ensandecidos em busca de algum futuro, de algum dinheiro, de algum sucesso. Deixei de ver a montanha como uma escalada de puro êxito, e passei a entender o ônus do bônus de se viver nesse tempo. Os cenhos estavam sempre franzidos, os sorrisos amarelos combinando com as falas retóricas, a autenticidade dando espaço para as frases chavões. Muita correria, muita agonia, muito desespero por falhar. Muito descrédito nos pensamentos de quem não alcançava o impossível. Muito julgamento para aqueles que não se encaixavam na roda da produtividade que precisava continuar a girar. De repente, numa epifania, senti que o mundo era como o mar de *Procurando Nemo*, e os humanos estavam como Dory, esquecidos de si e sempre proferindo o mantra da continuação infinita do fazer sem sentido: *continue a nadar, continue a nadar*.

    A angústia é a dor que abre as cortinas empoeiradas da mente. Depois dela, é possível ver o que não se concebia. O mundo passa a ser outro. A reinvenção da vida começa na capacidade de escutar e dialogar com aquilo que nos mobiliza, com o incômodo que perturba sem salvação fácil. Não tinha a ideia do que se desenhava naquela trajetória inédita munida dos novos olhos, porque o caminhar se faz caminhando. Precisei tomar a forma de um estilhaço de mim para fazer da dor uma causa. Comecei a entender melhor o que estava fazendo enquanto descia de minha montanha, enquanto me destronava de meu lugar fascinado de poder. Aquelas mãos tinham intuído que precisavam estar juntas, e que solitariamente jamais chegariam a lugar algum. Coletivamente, caminhávamos rumo à esperança em nós mesmos. Uma vez no pé, vimos outros exaustos subindo a minha Montanha, afirmando que estavam apenas alcançando o sucesso que mereciam. Assim que entenderam que estávamos fazendo o caminho oposto, nos vaiaram solenemente. Algo já se fazia diferente em nós, porque não quisemos voltar a responder a eles relativamente. Conseguimos entender que eles e nós estávamos em tempos diferentes, um sendo o passado da inconsciência do outro, o que nos deixou com um misto de pena e compaixão de sua condição naquele momento.

Chegamos à planície que fazia o chão para que o pé das montanhas se enraizasse em segurança. O sol não mais machucava nossos medos, porque a descida havia produzido algum vigor sentido nas mãos compartilhadas. Os fantasmas têm dimensão épica quando não são enfrentados, mas quando o medo se transmuta em um grande "nós", os tamanhos dos gigantes se mostram meras construções pífias de uma mente inventiva. Éramos maiores do que as ilusões que faziam trovejar receios – porque andávamos juntos, rumo ao encontro inadiável com a reedição do livro de nossa vida.

O caminho se mostrou bem mais exaustivo do que a subida da minha Montanha. Muitos de nós caíram, se machucaram, e tomamos decisões equivocadas que nos fizeram chegar a lugares inóspitos, soturnos, em que jamais a Esperança quereria morar. Não obstante os tantos descaminhos, insistíamos; havia uma nova motivação intrínseca que não permitia que o desespero tomasse conta da direção dos pés. De vez em quando, parávamos para conversar. O diálogo conseguia, depois de muito tempo, fazer o que era de seu hábito, nutrir o presente de novas possibilidades. Às vezes ríamos de nossa viagem estranhamente sem rumo certo, seguindo alguma intuição estranha que ecoava de nossos interiores. Chorei muitas vezes, porque a cada passo adiante via com mais nitidez o mundo das exaustas e dos exaustos, produzindo os exageros que transformavam os maiores prazeres e realizações em adoecimentos maiúsculos, invasivos e tormentosos.

Vi pessoas que nunca tinha visto. Vi que invisibilizava muitas e muitos. Havia uma multidão de exaustos não de fazer, mas de não ser. Essas eram as pessoas que precisavam afirmar sua existência, antes mesmo de buscar reconhecimento pelo que fazem no mundo. Pessoas que não podiam ser quem eram com a mesma tranquilidade que outras. Estas pessoas eram as indígenas, as pessoas pretas, a comunidade LGBTQIA+, as pessoas em situação de rua, os loucos, as mulheres. E há tantos outros grupos que posso ainda não ver, porque eu vi você acelerar o dia e deixando de ver as crianças e suas necessidades, sua voz e seu direito à autonomia, por exemplo. Vi muitas pessoas batendo em crianças como um injusto alívio de suas angústias de produtividade e medos de fracasso. Testemunhei mães perdendo seus empregos porque não tinham com quem deixar seus filhos adoecidos, em lares que dependiam somente delas. Descobertas assim mudam tudo, fazem os olhos entenderem que ainda há outras montanhas que as sociedades precisam aprender a subir por vontade própria – a da Dignidade Humana, por exemplo.

Suavam de ardor nas mãos aqueles que também sustentavam meu espanto com seu apoio, ao perceberem que eram as pessoas privilegiadas, visíveis ao mundo, reconhecidas por seus lugares de existir e falar. E como elas já tinham a garantia de serem vistas, podiam se cansar de fazer. Mas ali, naquela viagem, começava a entender que também havia aprendido com os humanos a deixar de vê-los, sempre que eles pertenciam a determinados grupos. A estrutura de uma sociedade é o ensinamento de algumas cegueiras que vão causando dor. Você me enturvece o olhar para quem não é visto, para que aos poucos eu pudesse aprender a não o ver, e a negar que aquela cegueira me representava.

Transcorrido um bocado de tempo, avistamos a montanha derradeira. Ela parecia feita de um amanhecer perpétuo, em que os musgos brilhavam um verde quase fosforescente. Não havia ninguém nos indicando que aquela era a linha de chegada, mas os sorrisos em nós começaram a aparecer sem aviso prévio, em uma onda de êxtase sereno que contrastava com os suores cansados. Algum antídoto para o desalento já deixava seu frescor. Era inacreditável que, embora fadigados do trajeto incerto e mobilizador de tantos sentimentos, o oxigênio parecia mais abundante. Pela primeira vez, não se mostrava como regra a lógica do ar mais rarefeito quanto maior a altitude. Quanto mais subíamos a montanha, mais respirávamos a paz de espírito que se supunha perdida.

Aquela montanha era imensamente mais alta do que a minha. Para chegar ao seu cume, necessitaríamos de muito mais afinco do que a suposta trilha da vida pós-moderna. No entanto o que impactava não era a extensão da subida, mas seu aspecto qualitativo. Havia placas por todo lado, afirmando que só se chegaria ao topo se o caminho fosse vivido com espaço de prazer, fruição e deleite. De tempos em tempos, havia mirantes que convidavam à contemplação da natureza, com folhas que traziam poesias para serem lidas em voz alta. Em outras, havia argila para se fazer qualquer forma que a alma quisesse operar. No exato meio do caminho, peças de quebra-cabeça pediam para ser montadas, enquanto o silêncio cantava seus pássaros. Tudo era feito para que a jornada fosse de reaprendizado da essência da vida. Tudo era límpido, a comunicação era translúcida, as paradas eram convite que não obrigava ninguém a sustentar, caso não quisesse. Mas todos queriam. Não houve nenhum de nós que não parasse para brincar, para ler poesias, para fazer arte, para escutar a natureza e contemplar seus mistérios. As paradas eram a pedagogia da pausa, na forma de workshops de expressão autêntica da alma. Talvez se essa montanha estivesse no início do caminho, ainda estivéssemos muito condicionados às ilusões da vida acelerada. Como fomos sendo obrigados a andar mais lentamente por puro cansaço permanente, terminamos por tomar outra velocidade no caminhar. A extensão da trilha tinha o propósito de nos reensinar a lentidão que reconecta, o passo miúdo que faz apreciar a vida.

    Finalmente, alcançamos o cume. Já era noite, mas o sol realmente não parava de avermelhar o céu. Num fuso horário incompreensível, olhava para o nascimento de um céu em mim. Estava lacrimejando alguma alegria ainda sem nome, quando tive minha mão esquerda tomada pela Esperança. Eu, canhota, apoiava aquela mão num galho de árvore para ganhar impulso e chegar ao platô definitivo. "Pode vir, estou aqui", ela me disse. Foram suas únicas palavras naquele instante. Não conseguiria falar mais nada, porque o único som que me importava dizer era o da reverência. Abracei-a, em prantos, permitindo que os gritos da minha dor pudessem esvaziar o que precisava ser substituído pelo que ela pudesse me ensinar a ser. Ela deixou que eu simplesmente chorasse, e assim ficamos, eu chorando, ela presente e continente, os demais assentados no chão, testemunhando de olhos marejados a cena que nos transformaria indelevelmente.

Quando quis olhar nos seus olhos, afastei-me alguns centímetros, e não vi apenas seu rosto. Ela realmente estava acompanhada de todas as gentes que descobri que não via. Aquela montanha era a nova morada de todos os humanos invisibilizados. Cada um tinha uma casa diferente, apropriada a suas necessidades. Não havia ninguém em condição de igualdade, estavam em platôs diferentes dentro das terras da Esperança, embora todas as casas fossem vizinhas umas das outras. O ponto de interseção entre elas era o desejo de fazer uma terra realmente habitável para qualquer tipo de identidade. Aquelas pessoas, que tinha visto lá embaixo com as expressões tão machucadas pelas violências de todo tipo, conseguiam portar a mais impressionante serenidade no olhar. Ali, elas podiam existir, resistir e construir outro mundo, abraçadas a seus pares.

Fomos convidados a sentar, a Esperança quis escutar nossas histórias, enquanto sempre nos lembrava que respirássemos, que nos encantássemos com a paisagem, que expressássemos o que sentíamos de diferente por estar num outro tempo, que escutássemos com o coração aberto cada história, e sobretudo que pudéssemos rir quando a gargalhada quisesse chegar ou chorar quando fosse o lugar de fala do pranto. Em todos os meus antigos habitantes da Montanha da Exaustão havia uma certeza: aquela visita precisava ser tatuada na alma como uma cicatriz que se mostrasse para sempre. Mesmo que descêssemos, mesmo que voltássemos para a Montanha da Exaustão, retornaríamos mais conscientes de tudo o que nos apartava de nossa essência mais humana. Eu havia entendido definitivamente: a terra da Esperança era mesmo o Tempo da Delicadeza.

O retorno aconteceu sem nenhum sobressalto. Sabíamos a extensão do caminho, apreciamos tudo com novos olhos, fizemos a jornada em muito mais tempo, comendo menos arroz e mais lentilhas, contemplando mais amanheceres, experimentando uma nova maneira de saborear os momentos. A vida se mostrava como uma nova descoberta. Estávamos fecundados de apreço por nós e pelo existir. Ao chegar no topo da montanha, sentia que precisava dizer algumas palavras. Olhei para baixo. Por mais alto que estivesse, já não deixava de ver ninguém, nem tampouco suas agonias mais invisíveis. O mundo dos exaustos estava diante de mim, mas isso já não me eclipsava como o único destino cruel para a vida humana. A esperança só pode existir quando as palavras que podem ajudar os demais forem ditas a muitos. Os aprendizados do caminho merecem ser compartilhados, porque o mundo interno que já sentimos como novo é o da colaboração, em que a multiplicação dos afetos em rede é a ponte para o fim das solidões. Os desesperos merecem se desencantar de suas certezas vãs, porque agora eu sei que é passível a qualquer um reencontrar-se com a Esperança.

Minhas mãos já não tinham inocência alguma, mas a sobriedade de alguma maturidade que se fez a passos lentos. Não sabia muito bem o que seria dito, assim como não soube o que me esperaria naquela viagem. E foi assim, sem imaginar o rumo da escrita que se afirmava como inevitável, que me pus a escrever um livro.

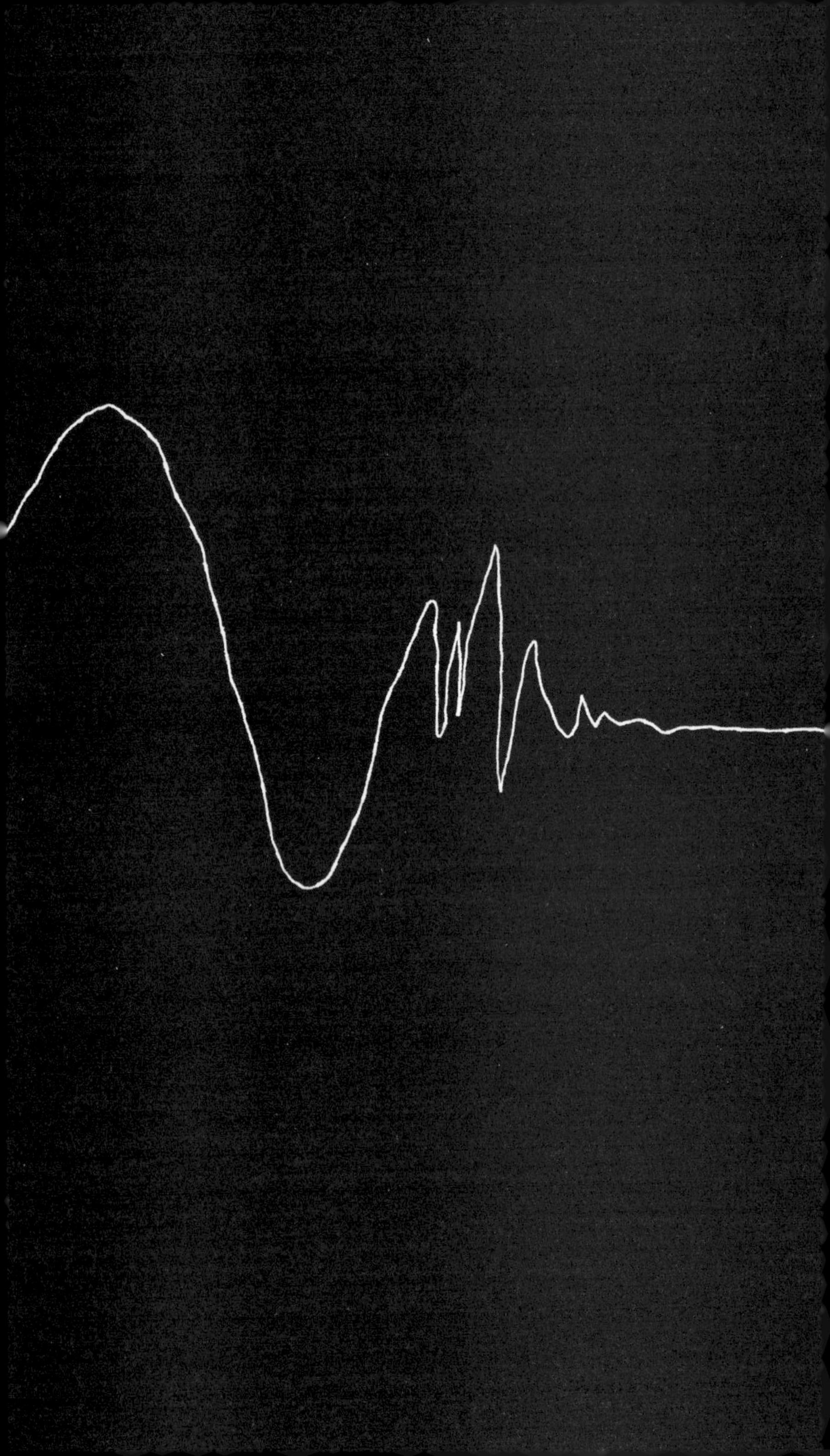

REFERÊNCIAS

CARVALHO, Anelisa Vaz (org). **Terapia cognitivo-comportamental na síndrome de burnout**: contextualizações e intervenções. Novo Hamburgo: Synopsis, 2019.

DUNKER, Christian. **Reinvenção da intimidade**: políticas do sofrimento cotidiano. São Paulo: Ubu, 2017.

_____. **Paixão da ignorância**: a escuta entre psicanálise e educação. São Paulo: Contracorrente, 2020.

FREIRE, Paulo. **Pedagogia da autonomia**: saberes necessários à prática educativa. São Paulo: Paz e Terra, 1996.

HAN, Byung-Chul. **Sociedade do cansaço**. Petrópolis: Vozes, 2017.

_____. **A salvação do belo**. Petrópolis: Vozes, 2019.

MATURANA, Humberto. **Emoções e linguagem na educação e na política**. Belo Horizonte: Editora UFMG, 2002.

NAGOSKI, Emily; NAGOSKI, Amélia. **Burnout**: o segredo para romper com o ciclo do estresse. Rio de Janeiro: BestSeller, 2020.

RICARD, Matthieu. **A revolução do altruísmo**. São Paulo: Palas Athena, 2015.

SANDRIN, Luciano. **Burnout**: como evitar a síndrome do esgotamento no trabalho e nas relações assistenciais. São Paulo: Paulinas, 2019.

VASCONCELLOS, Maria José Esteves de. **O pensamento sistêmico**: o novo paradigma da ciência. São Paulo: Summus, 2000.

MÚSICAS

FLOR da pele. Compositor: José Ribamar Coelho Santos. Intérpretes: Rachell Luz e Zeca Baleiro. ©Dmusic.

AQUARELA. Compositores: Fabrizio De André, Guido Morra, Toquinho e Vinícius de Moraes. Intérprete: Toquinho. Produtor: Fernando Faro. ©Universal Music Ltda.

MANIA de você. Compositores: Jones Rita Lee e Roberto Zenobio Affonso de Carvalho. ©Warner/Chappell Edições Musicais Ltda.

COMO uma onda no mar. Compositores: Nelson Motta e Lulu Santos. Intérprete: Lulu Santos.

COMIDA. Compositores: Arnaldo Antunes, Marcelo Fromer e Sérgio Britto. Intérprete: Titãs.
©WM Brazil.

TODO sentimento. Compositores: Chico Buarque e Cristóvão Bastos. Intérprete: Chico Buarque.
© RCA Records Label.

AGRADECIMENTOS

Neste livro, eu quero agradecer de forma diversa. Vou fazer silêncio. Vou me lembrar de cada pessoa que fundou um pedaço do chão em que pisei para poder escrever este livro. Fecho os olhos e penso no Felipe Brandão, este editor que me descobriu e me reinventou, já que o livro não seria exatamente sobre Exaustão, mas diante da minha sugestão ele imediatamente permitiu que a escrita pudesse fluir na direção que meus dedos queriam digitar. Sinto o cheiro do perfume da Dany, que me levou para caminhos na história que só ela poderia me auxiliar a ver, e que sustentou também muitas vezes as necessidades de um lar pandêmico com um pai que precisava, naquele momento, se refugiar nos parágrafos que seriam produzidos. Sinto o abraço dos meus filhos Luã, Ravi e Gael, que entraram tantas vezes no quarto e viram a escrita acontecer numa tela preenchida por inúmeros caracteres e, ainda assim, trouxeram desenhos, abraços, pedidos de ajuda que me levaram a pausas, mas, sobretudo, olhares cheios de vida. O abraço de um filho é uma relembrança da vida que pode brotar em meio à solidão de um escritor.

Ainda de olhos fechados, lembro-me de algumas pessoas muito queridas que leram este livro e que me entregaram seus corações em forma de palavras. Elas estão aqui comigo (Fê Lopes, Nanci Nunes, Tati Fávaro), e um sorriso vem fácil à memória quando me recordo do que elas me disseram primeiramente. Recordo também em silêncio de Bia Roeder e Kátia Silva, que fizeram acontecer tantas vezes em minha casa o apoio logístico para que eu pudesse ter a mínima tranquilidade para criar. Meus pais, Gilberto e Rosângela, estiveram por aqui fazendo acontecer o abraço a distância, possível através da tela pandêmica, mas sempre amoroso o suficiente para deixar a melhor das brisas como legado. Mônica Ribeiro, a amiga que por acaso é empresária, que me auxilia em tantas frentes da vida, a quem jamais conseguirei agradecer suficientemente o conjunto de sua obra em meus dias. A Camila Santiago e Rafael Ambrogini, que leram este livro para suas duas crianças, como parte de uma amizade entre nós que ganhou ainda mais importância nesta quarentena. Amo vocês profundamente. E veja, se você está entre essas pessoas, receba aqui o meu abraço também:

eu agradeço cada uma e um que leu meu livro anterior, *Cartas de um terapeuta para seus momentos de crise*, que ao tomar aquelas linhas em mãos, reafirmou em mim a possibilidade de continuar escrevendo para existir. Muito, muito obrigado pela confiança que vocês tiveram em mim, um autor iniciante que, também por obra da generosidade de vocês, agora quer escrever mais e mais, como um menino de seis anos que aprende, enfim, a linguagem dos adultos.

Durante a feitura deste livro aqui, eu ousei conversar sobre ele com cinco pessoas muito, muito especiais para mim: Bráulio Bessa, que me devolveu um poema que me fez chorar por minutos a fio, e que depois me mandou um áudio cheio de amor e "xêro", como ele adora dizer para as pessoas que ele tanto quer bem. O poema de Bráulio está em alguma página do livro, com o destaque que a poesia dele merece ter em qualquer lugar em que ela venha a ser declamada. Flávio Venturini, esse maestro do amor, que já compôs várias trilhas sonoras desde o adolescente que fui, e que hoje posso chamar de amigo, ainda com os olhos tentando não se espantar com isso. Elisama Santos, uma irmã da vida, cuja história é uma amostra das grandes biografias das mulheres negras deste século no Brasil, e que fez o prefácio mais desejado por mim. Cláudio Thebas, que produziu a orelha deste livro com uma intensidade e com a preciosidade com que ele recolhe o que vive, que também fez palpitar descompassadamente este coração menino que quer só abraçá-lo, pelo resto da vida. Rodrigo Luz, o amigo mais recente, e também o mais antigo, dada a rapidez da intimidade que se construiu entre nós, e que faz o tempo cronológico parecer uma mentira, levando-nos a acreditar no ritmo das almas que conversam, sempre com tanta alegria a cada reencontro. Muito obrigado a cada uma e um de vocês. Este livro ganha uma moldura afetiva de ouro puro, porque vocês deixaram suas palavras impressas nele.

Agora posso abrir os olhos. E o que vejo é você, que me leu até aqui. Continuo em silêncio, sentindo a beleza de encontrar a sua presença aqui ao meu lado, fazendo acreditar que é possível conversar até mesmo por escrito e sem conhecer pessoalmente, até mesmo no mais silencioso agradecimento. Eu deixo com você o meu silêncio, o meu sorriso, o meu agradecimento e o desejo incontestável de que estejamos juntos numa próxima oportunidade, não importa se a esquina for física ou simbólica. Os encontros são a insistência de que sou feito. Eu não deixo de alimentá-los, porque eles são o mais-que-humano em mim. Obrigado pela companhia nestas páginas agora lidas e sentidas, e até o próximo reencontro, com a alegria de poder ter escrito para você.

Leia também:

Alexandre é um psicólogo e terapeuta familiar que escreve cartas. Mas aqui, elas se revestem de poesia num encontro da intensidade com a beleza. Os remetentes das cartas são os sentimentos humanos, que chegam para uma conversa honesta e terna sobre como eles cumprem uma jornada viva dentro de cada um de nós.

Abra o livro e leia a carta da saudade, da tristeza, do medo e da esperança, entre outras tantas que certamente encontrarão em você o melhor endereço de destino. Estas cartas dialogam com sua sensibilidade, com sua vontade de se aceitar, de viver uma vida mais autêntica e de construir um mundo melhor à sua volta.

Outros títulos do selo Paidós:

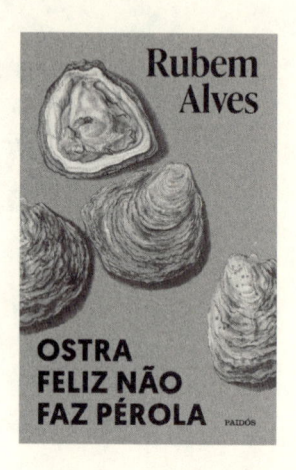

- *Ao professor, com carinho: A arte do pensar e do afeto* — Rubem Alves
- *Ostra feliz não faz pérola* — Rubem Alves
- *Maturidade emocional: Por que algumas pessoas agem como adultas e outras não* — Frederico Mattos
- *O amor não dói* — Anahy D'Amico

GISLENE ISQUIERDO
AUTOESTIMA COMO HÁBITO
Um guia da Psicologia Aplicada para sua autoestima e seus relacionamentos

PAIDÓS

Christian Dunker · Cláudio Thebas
O PALHAÇO E O PSICANALISTA
COMO ESCUTAR OS OUTROS PODE TRANSFORMAR VIDAS

PAIDÓS

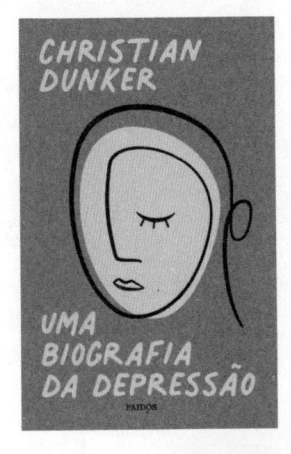

CHRISTIAN DUNKER
UMA BIOGRAFIA DA DEPRESSÃO
PAIDÓS

CLÁUDIO THEBAS
Ser Bom Não é ser Bonzinho

Coautor do best-seller *O palhaço e o psicanalista*

Como a comunicação não violenta e a arte do palhaço podem te ajudar a identificar e expressar as suas necessidades de maneira clara e autêntica – e evitar julgamentos, como o deste título

PAIDÓS

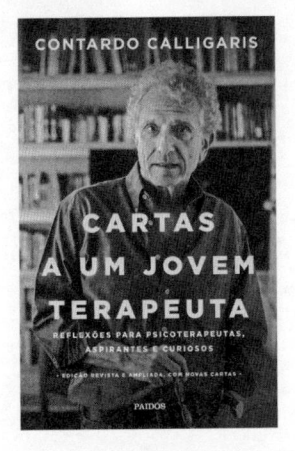

CONTARDO CALLIGARIS
CARTAS A UM JOVEM TERAPEUTA
REFLEXÕES PARA PSICOTERAPEUTAS, ASPIRANTES E CURIOSOS

· EDIÇÃO REVISTA E AMPLIADA, COM NOVAS CARTAS ·

PAIDÓS

**Acreditamos
nos livros**

Este livro foi composto em Chronicle, Knockout
e Druk, e impresso pela Geográfica para a Editora
Planeta do Brasil em novembro de 2024.